Pilote de brousse

Les aventures d'un pilote
de brousse humanitaire

Guy Gervais

Pilote de brousse

Les aventures d'un pilote de brousse humanitaire

Autobiographie

Les Éditions
LOGIQUES

LOGIQUES est une maison d'édition reconnue par les organismes d'État responsables de la culture et des communications.

Nous remercions le Conseil des Arts du Canada, le ministère du Patrimoine canadien et la Société de développement des entreprises culturelles du Québec pour leur appui à notre programme de publication.

Nous reconnaissons l'aide financière du gouvernement du Canada par l'entremise du Programme d'aide au développement de l'industrie de l'édition (PADIÉ) pour nos activités d'édition.

«Gouvernement du Québec – Programme de crédit d'impôt pour l'édition de livres – Gestion SODEC»

Révision linguistique: Corinne de Vailly, Monique Thouin, Chantal Tellier
Conception et mise en pages: PAGEXPRESS
Graphisme de la couverture: Christian Campana

Distribution au Canada:
Québec-Livres, 2185, autoroute des Laurentides, Laval (Québec) H7S 1Z6
Téléphone: (450) 687-1210 • Télécopieur: (450) 687-1331

Distribution en France:
Casteilla/Chiron, 10, rue Léon-Foucault, 78184 Saint-Quentin-en-Yvelines
Téléphone: (33) 1 30 14 19 30 • Télécopieur: (33) 1 34 60 31 32

Distribution en Belgique:
Diffusion Vander, avenue des Volontaires, 321, B-1150 Bruxelles
Téléphone: (32-2) 761-1216 • Télécopieur: (32-2) 761-1213

Distribution en Suisse:
Diffusion Transat s.a., route des Jeunes, 4 ter, C.P. 1210, 1211 Genève 26
Téléphone: (022) 342-7740 • Télécopieur: (022) 343-4646

Les Éditions LOGIQUES
7, chemin Bates, Outremont (Québec) H2V 1A6
Téléphone: (514) 270-0208 • Télécopieur: (514) 270-3515

Pilote de brousse

© Les Éditions LOGIQUES inc., 2000
© Summit Publishing Group, 2000
Dépôt légal: quatrième trimestre 2000
Bibliothèque nationale du Québec
Bibliothèque nationale du Canada

ISBN 2-89381-772-6
LX-882

Table des matières

Préface de Jacques-Yves Cousteau 11
Préface de George E. Haddaway 13
Préface de Robert Gonneville 15
Dédicace 19

Prologue 21

Chapitre 1- Premier envol: une personne nommée Guy 27

Chapitre 2- Envol vers la Papouasie – Nouvelle-Guinée..... 39
  Niveler à bras d'hommes 50

Chapitre 3- Envol dans le ciel de Papouasie 57
  Le bruit de l'avion 60
  Service aérien missionnaire et humanitaire 61
  Construction de la piste de Matkomnai 64
  Premier atterrissage à Matkomnai 70

Chapitre 4- En route sur Les Ailes de l'Espérance…
  vers le Pérou.. 77
  Départ sur glace de Wipaire pour l'Amazone 81
  Amerrissage forcé dans le golfe du Mexique 83
  Plongée dans le golfe du Mexique..................................... 84
  Bob Iba et *padre* Guy s'envolent enfin vers Iquitos 89
  Pilotage en Amazonie 92
  Dentiste *emeritus* 95

Chapitre 5- Envol dans une autre direction........................ 105

Chapitre 6- Envol vers Ruth:
     une tasse de café déterminante 111

Chapitre 7- Envol vers le Surinam 117
    Aide des Chinois 119

Chapitre 8- Envol vers le Guatemala 125
    La famille Gervais dans le hangar Bethléem 127
    Tremblement de terre 133
    Le son de l'avion: espoir 137
    Les *campesinos mayas* terrorisés 138
    Service humanitaire à Patuca, Honduras 141

Chapitre 9- Envol vers Papagallo, Honduras 145
    Calypso et le *Papagallo* 148
    Luisiana Apurimac 151
    Cutivereni: étude des coutumes de la tribu ashaninka 154
    Tingo-Maria: production de la coca 156

Chapitre 10- Envol vers le Belize 163
    Urgence, une jambe trop longue 165

Chapitre 11- Envol avec Avions Sans Frontières 169
    Promotion d'ASF à travers le Canada 171
    Le germe de la promotion 175

Chapitre 12- Envol vers le Zaïre 179
    Première envolée en Afrique 181
    Historique d'ASF à Dungu 182
    Service de santé 185
    Service de radiophonie 188
    Radiotéléphonie pour l'éducation 190
    Service pour l'agriculture 192

Service aux missionnaires 194
Service de l'eau potable 195
Service aux réfugiés du Soudan 196
Médecins sans frontières... 198
Le saint homme Job sous un manguier 207
Pillage du whisky de monseigneur 208

Chapitre 13- Envol pour Récupération Tiers-Monde......... 211
Sauvé par une femme de Jérusalem 214

Chapitre 14- Retour au présent.................................... 221

Chapitre 15- Envol d'urgence vers le Rwanda 225

Chapitre 16- Envol vers Kisangani 233
Démarrage d'ASF à Kisangani.. 237
Les débuts d'ASF-Kisangani.. 238
Le son de l'avion d'ASF 242
Santé et éducation 246
Arrivée du nouveau pilote.. 248
Conclusion.. 249
Anecdotes 250

Chapitre 17- Envol entre les pillages: Dungu et Kisangani .. 255

Chapitre 18 - «Soyez le bienvenu, Guy!» 263
Les aventures de la famille de Ndombe Nesele................ 264
Les aventures de la famille de Masta Yako....................... 268
«As-tu eu peur, Guy?» 275
Requiem.. 276
Orage, je plonge de 1 220 m 277

Pilote de brousse

Épilogue 281

Réflexion par Ed Mack Miller (1978) 291

À propos de l'auteur 295

Préface

— ▪ —

par le commandant
Jacques-Yves Cousteau

L a jungle est née des extravagants gaspillages de la nature: au cours des âges, des milliers d'espèces se sont impitoyablement éliminées jusqu'à ce qu'un équilibre s'installe entre les plus adaptées.

Les hommes de la jungle font partie intégrante de ce miracle de la vie: leur art, leur sensibilité, leur culture sont la vitrine de cette symbiose réalisée au prix d'une longue et douloureuse intégration.

Protégeons la diversité de la vie et des hommes, respectons leurs différences dans les jungles des continents lointains et dans celles de nos villes surpeuplées; c'est le sens de toutes les missions que nous avons faites.

JACQUES-YVES COUSTEAU

Préface

— ■ —

par George E. Haddaway

Guy Gervais, vétéran pilote bénévole de Wings of Hope et maintenant avec Terre Sans Frontières comme leur chef pilote, est le modèle essentiel du rôle que l'aviateur doit jouer pour l'armée de pilotes de brousse dévoués, volant vers les régions isolées de la Terre pour sauver des vies, transporter les biens de première nécessité, procurer l'assistance médicale moderne pour les malades et les blessés. Ces pilotes coopèrent au bien-être et au développement des populations isolées.

Utilisant des petits avions et hélicoptères civils, ces femmes et ces hommes du ciel ne trouvent pas d'endroits qu'ils ne peuvent atteindre: jungle, déserts, montagnes élevées ou toundra congelée. Ils établissent des systèmes de communication permanente par radio, découpent dans les forêts impénétrables, égouttent des marais et créent des pistes d'atterrissage à bras d'hommes.

Ils sont les saints modernes ouvrant des portes jamais ouvertes auparavant, pénétrant des barrières-frontières jamais

attaquées dans l'histoire humaine, pour le noble but de soulager la misère humaine tout en améliorant les conditions de
vie avec le fruit de la technologie moderne en science-sagesse
et éducation. Puisse leur tribu augmenter...

GEORGE E. HADDAWAY
Directeur général
Cofondateur de Wings of Hope
Historien en aviation

Préface

■— ■ ■—

par Robert Gonneville

Depuis bientôt 20 ans, Guy Gervais participe aux activités de Terre Sans Frontières à titre de chef pilote dans le cadre du programme Avions Sans Frontières (ASF), un organisme d'aviation humanitaire œuvrant en Afrique centrale et de l'Est. Pour Avions Sans Frontières, Guy Gervais a été un don du ciel car, sans son expertise en matière de pilotage, de relations, de mécanique et de préparation de pistes, ASF n'aurait pu voir le jour, encore moins poursuivre longtemps ses opérations, au grand détriment des populations démunies pour qui il a été une véritable providence.

S'il a survécu à 23 000 h de vol comme pilote de brousse, c'est grâce à son professionnalisme sans faille. Si, à 67 ans, il vole encore, c'est que la compassion lui a donné des ailes infatigables. Et surtout, s'il a pu à tout moment concentrer son attention sur les exigences de la cabine de pilotage, c'est qu'il avait la certitude que *madre* Ruth, son admirable épouse, comme la femme forte de l'Évangile, avait tout sous contrôle à la maison et, en son absence, aimait les enfants pour deux et les éduquait.

Guy Gervais a fait ses classes à l'école d'un maître impitoyable, l'aviation de brousse, en pas moins d'une dizaine de pays, un maître qui ne tolère pas d'erreurs. Au service de l'aviation humanitaire, telle que Wings of Hope, et missionnaire, en association avec de nombreuses communautés religieuses, il a vécu la gratuité dont sa vie est un éclatant exemple. Son esprit profondément chrétien, dont il n'a jamais fait mystère, l'a souvent conduit aux extrêmes de la charité sans pour autant jamais tenter la Providence. Cet esprit, il a su l'inspirer aux élèves pilotes qui prennent sa relève. C'est devenu l'esprit d'Avions Sans Frontières, qui s'en félicite.

Comme nous, d'Avions Sans Frontières, qui côtoyons quotidiennement le «missionnaire volant», les lecteurs de la présente autobiographie ne manqueront pas de communier aux aventures fleurant bon l'exotisme dont le volume foisonne car l'auteur est à la fois poète et conteur-né. Quant à ceux qui se préoccupent de sens, ils comprendront la noblesse de ce chef pilote parti dès sa jeunesse pour les pays d'outre-mer, parce qu'il fallait des hommes de Dieu pour se jeter dans cet inconnu puisque l'avion humanitaire était alors dans son enfance. Tout le reste s'est ensuivi. Guy a aimé les Papous, les Péruviens, les Mayas, les Barundis et les Congolais, comme le Seigneur les aime, avec le même désintéressement. Il a compris leurs aspirations et mis ses ressources professionnelles, qui étaient remarquables, à pourvoir à leurs besoins élémentaires.

Avions Sans Frontières est honoré d'avoir, pendant plusieurs années, servi de véhicule à l'action humanitaire de Guy Gervais. Nous exprimons ici notre profonde gratitude,

d'abord à lui-même personnellement, d'une façon particulière à son épouse et à ses enfants, et aussi aux organismes humanitaires, tel Wings of Hope, envers qui Avions Sans Frontières se reconnaît comme grandement redevable.

ROBERT GONNEVILLE
Membre des frères de l'Instruction chrétienne
Directeur général d'Avions Sans Frontières

Dédicace

J'ai voulu raconter ma vie comme elle s'est passée. J'aimerais en dédier l'histoire à mon inséparable compagne, Ruth mon épouse, et à mes enfants, Paul, Gabriel et Claudia. S'ils ne m'avaient pas tellement aimé et compris, ma vie aurait été tout autre et ce livre ne verrait pas le jour. Bien que la Providence leur ait fait partager l'existence d'un mari et d'un père très original, ils m'ont compris et beaucoup aimé. Je leur en serai toujours reconnaissant. Je veux aussi remercier ceux qui m'ont éduqué, qui ont partagé ma carrière tout en m'aidant à m'instruire, à prendre mes ailes et à utiliser ma sagesse pour atteindre mon idéal de vie.

J'adresse ces pages aux jeunes de 12 ans et plus qui ont un idéal dans la vie. Votre intelligence est sans frontières pour comprendre ceux qui parlent des langues différentes et ont des coutumes qui vous attirent. Que votre cœur soit sans frontières, sensible à ceux qui souffrent, et vos bras prompts à rendre service. Que vos yeux qui contemplent la beauté des forêts, des lacs et des fleuves et vos poumons qui se gonflent d'air pur vous inspirent la joie de vivre.

Si vous avez un rêve, allez de l'avant, à plein régime, mordez à pleines dents, comme moi. Souvenez-vous de ces trois

mots qui m'ont inspiré: SAGESSE - ENVOL - LIBÉRA-
TION. Ils vous guideront aussi vers votre but, votre idéal.

Mon épouse et les enfants reconnaîtront ici quelques
phases de leur vie et pourraient certainement y ajouter
quelques épisodes.

Voici donc en quelques pages et photos la vie d'un ÊTRE
HUMAIN COMME VOUS QUI A VÉCU SES CHOIX
DE VIE DANS LA LUMIÈRE ET LA LIBERTÉ.

GUY GERVAIS

Prologue

Je contemplais l'illumination nocturne de la ville de Montréal qui approchait par la route 401 McDonald-Cartier, peu après Cornwall. C'était le 16 février 1992. Il neigeait. Je roulais depuis deux jours en Ford Fairmont en compagnie du jeune M. Charlie, un beau chien labrador cheasapeake roux. Je revenais de Saint Louis (Missouri) où la direction de Wings of Hope m'avait invité à célébrer le trentième anniversaire de fondation de l'organisme.

La fête avait eu lieu dans le magnifique hangar Wings of Hope situé à l'aéroport Charles Lindberg. J'y avais pris la parole sur des diapositives illustrant les opérations que j'avais effectuées en tant que pilote depuis 32 ans: Papouasie–Nouvelle-Guinée, Pérou, Surinam, Guatemala, Honduras, Belize, Zaïre; je présentais aussi les meilleures photos des expéditions du commandant Jacques-Yves Cousteau sur le célèbre *Calypso*. Pour lui, j'ai piloté l'avion amphibie *Papagallo*. La rencontre fut des plus émotionnelles et chaleureuse.

On m'avait logé à un hôtel appelé *Noah's Ark* dont le propriétaire, David Flavan, était un commandant en retraite d'Eastern Airlines. Dans sa maison, David élevait de superbes chiens labrador cheasepeake retriever. Je lui parlais de mon épouse Ruth et des enfants, Paul, Gabriel et Claudia.

— Comme cadeau, pourquoi n'amènerais-tu pas un petit chien à tes enfants? me suggéra David. Wings of Hope vient de te donner une automobile; pars avec ce chiot, un magnifique chien de race. Il me fait grand plaisir de vous en faire cadeau.

Excellent! Quelle meilleure façon de récompenser la petite famille qui s'attriste souvent de mon absence que de me présenter à la maison avec ce superbe chiot de trois mois? David le fit examiner par le vétérinaire, le Dr Elly Kelly, qui lui donna son certificat de bonne santé. David le nomma Mister Charlie parce que son hôtel était situé dans la municipalité Saint Charles (Missouri) et ce noble représentant de Saint Louis se rendait à Montréal (Canada). Le Dr Kelly prépara trois bouteilles d'eau stérilisée, une boîte de moulée à chien, des serviettes, puis voilà Monsieur Charlie installé à ma droite sur le siège de l'auto. Je me sentais heureux et fier de ma nouvelle acquisition, accélérant pour arriver à Montréal. Je pensais à la joie des enfants...

Deux jours de voyage: Saint Louis, Indianapolis et Niagara où je couchai avec Charlie dans un motel. Puis Niagara, Toronto, Montréal et Brossard par le pont Champlain au-dessus du majestueux fleuve Saint-Laurent.

J'avais la joie de vivre au cœur. L'Univers me paraissait magnifique. Wings of Hope, avec ses 94 Cessna, puis Avions Sans Frontières avec ses 2 Cessna 206 au Zaïre rendaient service aux populations isolées à travers le monde. J'étais toujours engagé dans ces opérations et on me faisait confiance: pas d'accident. Je me sentais libre. Mon but immédiat, pourtant, était de rejoindre ma famille.

La chaussée se déroulait avec rythme sous mes roues et les villes apparaissaient et s'estompaient. J'admirais le paysage.

Comme la nature est diverse et admirable en hiver! Je me sentais en harmonie avec mère nature et la vie. La technologie avait amené tant de libération. Au lieu de voyager avec un cheval et en traîneau au grand froid, j'étais au chaud dans mon automobile et je roulais à 100 km/h. J'étais reconnaissant à la sagesse des hommes qui construisaient des routes si confortables et sécuritaires. L'invention de l'avion m'avait permis de pénétrer dans les jungles les plus reculées. «J'ai mené une bonne vie», pensai-je, évoquant mes humbles débuts sur une ferme du Canada (au Québec) et mes voyages sur le globe comme missionnaire et pilote d'avion. J'étais reconnaissant au hasard qui m'avait permis d'apprendre divers métiers qui me serviraient le reste de ma vie, dans ma carrière choisie – apprendre à piloter et réparer les avions, réparer et installer des systèmes de radiocommunication, donner les injections et extraire les dents avec rotation et sans douleur et traiter les malades avec mes mains aussi bien qu'avec des médicaments. Surtout, j'étais reconnaissant envers mon ange gardien qui se tenait sur mon épaule droite... Après toutes ces expériences, j'étais toujours vivant et en excellente santé.

Réfléchissant à tout cela, je pensais à ces mots clés qui me permettaient de me concentrer sur mes objectifs: SAGESSE - ENVOL - LIBÉRATION. Ils ont imprégné ma vie depuis ma jeunesse sur la ferme avec mes parents bien-aimés, mes études à l'école du rang, puis au séminaire, dans ma vie religieuse et de prêtrise chez les pères Montfortains, mes six ans de travail missionnaire parmi les Papous, mes premières années de pilote de brousse, mon heureuse rencontre avec Wings of Hope et mes nombreuses responsabilités comme chef des opérations, ma grande décision d'épouser Ruth, mes expéditions avec Jacques-Yves Cousteau et mes années avec Avions Sans Frontières.

Mon imagination m'envoya comme en cinémascope des images excitantes et remplies d'émotions: le tracé de la première piste d'atterrissage dans la jungle de Kiunga (Papouasie); le transport d'une vingtaine de veaux, trois à la fois, en survolant des montagnes de 4 000 m; un atterrissage forcé dans le golfe du Mexique et un sauvetage par un navire allemand; l'effroi du tremblement de terre au Guatemala avec ma famille, puis les semaines de vols intenses pour aider les blessés; le transport par hydravion de dauphins gluants, pesant 200 kg chacun à l'occasion de l'expédition du commandant Jacques-Yves Cousteau sur le fleuve Amazone; la fuite rapide de ma famille hors de Santa Cruz del Quiche parce qu'on m'avait mis sur la liste noire durant la révolution du Guatemala; le soutien de milliers de réfugiés sortis du Soudan et du Rwanda...

«Ce fut toute une vie, Charlie», murmurai-je à mon nouvel ami, qui répondit en bougeant la queue et en léchant mes doigts. Les roues de la Ford tambourinaient sur le ciment de la voie express et sans m'en rendre compte je glissai dans mes méditations comme dans un écran *IMAX*: joies, tristesses, craintes, bontés, amitiés, violence, travail, sueurs et anxiétés; tout cela traversa mon esprit avec une clarté et une précision qui me surprirent. Je peux vous assurer qu'il n'est pas vrai que notre vie passe devant nos yeux seulement en face de la mort...

En aviation, les pilotes écrivent dans leur carnet de bord chaque vol effectué avec la date, la destination, le temps de vol et le but du voyage. Toute ma vie ressemble à ma carrière d'aviation. À chaque phase, j'ai fait une envolée vers telle destination, vers tel but, vers quelque objectif mystérieux...

Voici le journal de bord de mes envolées...

Chapitre 1

Premier envol: une personne nommée Guy

Je suis né à Saint-Hugues de Johnson, dans la province de Québec (Canada), dernier d'une famille de huit enfants comprenant cinq filles et trois garçons. Mon père s'appelle Paul Gervais et ma mère Éva Tessier. Ils possédaient une ferme de 300 acres. Je serais né dans la maison paternelle vers cinq heures et pesais plus de cinq kilos. La sage-femme s'appelait Marie-Louise Mélançon. J'étais tellement vigoureux que, six heures plus tard, on m'enveloppa dans des

Premier envol en Nouvelle-Guinée.

27

lainages et, en plein hiver, avec cheval et berline, mon père me conduisit à l'église paroissiale, située à neuf kilomètres, pour y recevoir le baptême. Donc, dans la même journée, je commençais MON ENVOL avec ma vie physique et ma vie spirituelle. Je faisais partie, sous un mode différent, de la vie du cosmos, de la sagesse, comme un faible pèlerin, d'abord transporté, puis me traînant à quatre pattes, puis marchant et m'envolant vers une autre LIBÉRATION.

Je grandis comme tous les enfants de la campagne, choyé de mes parents, de mes frères et sœurs. On m'a dit que j'ai porté les cheveux longs, blonds et bouclés jusqu'à l'âge de cinq ans. J'étais un peu sauvage. Lorsque les oncles et les tantes venaient en visite, je me cachais sous la table, sous la machine à coudre ou bien dans le grenier. Mais je me montrais un bon guide pour mes petits cousins et cousines venant de Montréal en leur faisant visiter la ferme. «Suivez-moi, je vais vous déniaiser», leur disais-je.

Nous demeurions au quatrième rang de Saint-Hugues. Septembre 1937 arriva et mes parents annoncèrent une grande nouvelle:

— Fiston, c'est le moment d'aller à l'école primaire du rang.

Quel jour solennel... Fier de mon habit en tissu inusable spécialement cousu par ma mère, portant dans mon sac d'école un cahier et un crayon, et dans ma chaudière à miel des sandwichs pour le dîner, je marchai deux kilomètres. Mon institutrice, mademoiselle Thérèse Beauregard, me reçut chaleureusement et se pencha pour me parler: je la repoussai tellement fort que je la jetai sur le dos. J'étais très coléreux, indépendant et déjà je savais démontrer mon mécontentement. Un peu bronco ... rétif, mais les jours suivants, j'étais devenu un étudiant sage.

Un mois plus tard, un beau matin, je dis à ma mère:

— Je ne veux plus retourner à l'école.

— Pourquoi, p'tit Guy? me demanda-t-elle.

— Parce que la maîtresse m'enseigne des choses que je ne comprends pas.

— Bon, alors tu veux rester ignorant toute ta vie? Prends la pioche, le râteau et la brouette et va nettoyer les légumes dans le jardin. C'est cela qui t'attend pour toute ta vie si tu ne veux plus aller à l'école.

Je travaillai avec acharnement toute la journée... en silence. Le lendemain, des ampoules aux mains, je retournai à l'école avec une bonne décision en tête et une note de ma mère à la main: «Excusez l'absence de mon fils Guy: il s'est fait piquer par une abeille... il a fait de la fièvre...»

Cette façon d'agir de ma mère était typique dans ma famille. Je me rappelle l'atmosphère de liberté et de confiance qui régnait chez nous. J'aimais mes parents et je me sentais aimé. Ils étaient de bons professeurs. Quand j'eus cinq ans, on m'initia à traire les vaches à la main, assis sur un petit banc. Il fallait me protéger le visage contre la vache qui chassait les mouches avec sa queue. Je m'amusais à nourrir les chats en leur tirant du lait venant du trayon, ce que mon père désapprouvait. Il m'apprit à monter à cheval, à conduire les chevaux qui tiraient les chariots et les divers instruments agricoles. Je développai un bon sens de la prévention et de la précaution. Il pouvait arriver des accidents graves sur une ferme tout comme actuellement dans le trafic automobile. Mon père ne me critiquait pas, mais il se faisait un devoir de m'enseigner de bonnes habitudes de travail. Je me rappelle

une de ses phrases typiques: «Si je te donne la bonne information, fils, et si tu la comprends et la mets en pratique, tu
ne devrais pas faire d'erreurs...»

Mes parents tenaient une ferme autosuffisante ou
presque. La viande, les légumes, le pain, le miel, le sirop
d'érable étaient les fruits de leur travail. Ma mère cousait nos
vêtements d'été et d'hiver, tricotait des gilets, des tuques et
des bas. La laine provenait de nos 20 moutons. Ma mère se
surpassait à Noël et les jours d'anniversaire avec des repas
variés et abondants. C'était le bon temps.

Mon père était un homme patient et intelligent qui
démontrait un esprit inventif et avait un physique résistant.
Il était un cultivateur fier de ses chevaux et de ses belles
récoltes. Avec 40 ruches, il produisait du miel de haute qualité et les 1 500 érables donnaient un succulent sirop dont il
vendait l'excédent. Il était fier sans doute aussi de ses nombreux enfants, car tous étaient formés et voulaient coopérer
au pain quotidien et à l'harmonie familiale.

Lorsque je pense à mon père et à ma mère qui ont vécu
jusqu'à un âge avancé, je ressens de l'admiration et du respect
filial pour leur grand exemple de SAGESSE, de SERVICE
et de CHARITÉ.

Après ses études primaires à l'école de campagne, mes
parents enrôlèrent leur jeune gaillard de 12 ans au séminaire
des pères Oblats pour des études classiques. Je quittai donc la
maison paternelle 10 mois par année, pour une facture de 12 $
par mois. Je me comptais chanceux de pouvoir poursuivre
mes études car, en 1945, il était difficile et compliqué de
trouver une place au collège: on ne prenait que les premiers
de classe et il fallait une lettre de bonne conduite signée par
le curé de la paroisse. L'argent était rare. Pour aider, j'appris

le métier de barbier. Je sacrifiais le temps des récréations pour faire quelques coupes de cheveux à 25 cents chacune, ce qui équivaudrait à 3 $ actuellement. L'hiver, j'arrosais les patinoires durant la nuit afin de jouer au hockey le jour suivant.

Durant les vacances d'été, je retournais chez mes parents pour aider à la ferme: engranger la luzerne, récolter les céréales, peindre et réparer la maison ou les granges, préparer le bois de chauffage. Quelquefois, je travaillais chez les voisins pour gagner quelques dollars qui aideraient à payer les coûts du séminaire.

Vers 18 ans, mes pensées devinrent sérieuses et pratiques. Je me demandais ce que j'allais faire de ma vie... Je m'interrogeais. Physiquement, je mesurais 1,90 m et pesais 80 kg. J'aimais les études, la méditation, le travail manuel et le sport. Vers quel idéal devrais-je naviguer?... En aviation, j'appris qu'il faut d'abord connaître son point de départ avant d'entreprendre un pèlerinage, une envolée.

Je partais d'une zone agricole, de la campagne. J'étais un campagnard, donc différent d'un citadin qu'on qualifiait de très débrouillard... Quelle était la source de ma vie? Les fleuves ont leur source dans les montagnes. Les Égyptiens, qui devaient la fertilité de leurs terres au Nil, se demandèrent durant des siècles où il prenait sa source. Ce n'est qu'entre 1850 et 1890 que Livingstone et Stanley découvrirent les lacs Victoria et Albert couronnés du mont Ruwenzuri, cette montagne recouverte de glace à la frontière de l'Ouganda et du Congo. Le soleil réchauffant le glacier donne les premières gouttes d'eau limpide, cadeau des dieux. De même, l'Amazone qui fertilise la plus grande jungle de la planète prend sa source dans les Andes du Pérou, au mont Mismi.

La paroisse de Saint-Hugues est la source de ma vie. Je suis né en 1932, mais la paroisse s'est formée vers 1850. Les difficultés de climat et de transport y créèrent un esprit de solidarité. Il y avait de la misère. Pour survivre, les bûcherons et fermiers se sont groupés autour d'un noyau pour faire face aux difficultés: nourriture, santé, éducation, développement, vie communautaire…

La structure paroissiale fonctionnait avec les notables de la paroisse: le curé homme de Dieu avec son église et son presbytère; le notaire qui vaquait aux droits de propriété des fermes et aux successions, le docteur qui veillait à la santé des fermiers, le maire qui protégeait les droits des fermiers et voyait au bon état des routes hiver comme été. Les fermiers de Saint-Hugues avaient des coutumes. Naissances, mariages, décès prenaient un aspect communautaire. Tous les paroissiens étaient informés et participaient à la vie du village. Ils avaient une conscience communautaire.

J'avais vécu en contact avec la nature. J'admirais et respectais la pluie, la neige, la végétation, les animaux dans les bois, l'air pur de la campagne. Ils influençaient notre comportement, notre manière de vivre, notre vie physique et spirituelle.

Le dimanche était une journée de repos, de rencontres au village et jouait un grand rôle dans la vie familiale et communautaire. L'église était un chef-d'œuvre d'architecture construit avec nos arbres et par des menuisiers habiles de chez nous. Une dame du village jouait de l'orgue Casavant. Les voix puissantes du chœur créaient une atmosphère de respect et d'ordre. Le curé était natif de chez nous, homme instruit et perfectionniste. En plus de cultiver le meilleur tabac à pipe et de produire le meilleur sirop d'érable, il connaissait tous ses paroissiens et les visitaient dans leurs fermes en auto-mobile (modèle récent)... L'heure et demie de la messe se passait dans des rites que nous aimions, solennels, étincelants: ornements sacerdotaux rutilants, enfants de chœur avec soutanes rouges et surplis blancs impeccables étaient disciplinés par les sœurs de la Présentation de Marie. Les annonces et le sermon donnaient les renseignements nécessaires pour mener une vie chrétienne et sociale. Puis, les paroissiens passaient une heure ou deux à jaser entre eux, partageant leurs joies et peines, offrant leur aide pour la semaine suivante. Solidaires et confiants, les gens de la campagne connaissaient rarement la dépression nerveuse... et le stress.

La paroisse était autosuffisante pour assurer sa relève: les garçons allaient au séminaire pour devenir prêtres, avocats, notaires, docteurs, agronomes, puis revenaient dans leur milieu campagnard. Les filles fréquentaient les pensionnats des religieuses pour devenir professeures, infirmières ou religieuses. Le plus vieux des garçons en se mariant gardait la ferme paternelle. Tel était le cycle d'un système presque parfait que la majorité acceptait.

La salle municipale était un centre de réunions. On y fêtait les mariages, on y projetait des films sur l'agriculture, on s'y divertissait. Plusieurs fois durant l'été, la grande attraction musicale était la venue du cow-boy chanteur Willie Lamothe, natif de Saint-Hugues. La salle était comble pour écouter chanter le sympathique Willie accompagné de sa guitare.

C'est curieux, je voulais sortir de ce système, je voulais voir le monde que la radio et les journaux commençaient à nous faire connaître. Que faire? Ça me tourmentait l'esprit.

La réponse vint presque frapper à ma porte. En ces jours-là, en 1950, des missionnaires venaient au séminaire donner des conférences, parlant éloquemment de leurs expériences et expliquant les besoins des peuples qu'ils servaient. Les situations tragiques qu'ils décrivaient fouettèrent mon jeune enthousiasme et mon imagination. Je pouvais voir les pères Oblats à barbe blanche vivant avec les Indiens au nord du Canada; les pères Blancs parmi les Africains noirs dans la jungle et la brousse du Zaïre, de l'Ouganda et de la Tanzanie; les Franciscains parmi les Indiens witotos du fleuve Amazone. Quel rêve à réaliser...

Puis vint le jour où j'entendis dire que les pères Montfortains planifiaient d'ouvrir la mission la plus isolée et la plus difficile d'accès du monde, chez les Papous de la Papouasie–Nouvelle-Guinée, virtuellement intouchée par la civilisation. Où peut-on trouver plus de besoins?... Ces mots mirent le feu à mon enthousiasme de jeune Canadien et j'annonçai vite à mes parents que j'avais décidé de devenir père Montfortain.

Le 15 août 1951, j'entrai au noviciat de Nicolet et je pris la soutane avec toute la lucidité et la sincérité de mes 19 ans. Un an plus tard, j'entrais au scolasticat d'Ottawa pour étudier la philosophie, les mathématiques, la physique, la théologie, l'histoire de l'Église et le droit canon. Heureusement, les universités en ces jours donnaient une excellente éducation en sciences et en sagesse de vie. Ce qui est encore plus important, c'est que j'y ai acquis une autodiscipline et un sens des responsabilités qui m'ont servi toute ma vie.

Le fondateur des Montfortains était un homme extraordinaire, mais pauvre et humble. Dans les années 1800, les idées de saint Louis-Marie de Montfort avaient dérangé la grande structure de l'Église catholique. J'ai été inspiré par le courage de ce saint en lisant sa biographie. Sa sagesse et ses œuvres semblèrent avoir disparu avec lui à sa mort, à l'âge de 43 ans; mais de son esprit jaillirent des sources, des congrégations d'hommes et de femmes ainsi que l'importante association de laïcs qu'est la Légion de Marie.

Avec sincérité et humilité, prêt au dévouement total, j'acceptai librement de devenir religieux et prêtre montfortain le 7 février 1958.

Quelques mois plus tard, le provincial, un homme énergique que j'ai toujours admiré, Rémi Décari, me désigna pour être parmi les sept premiers missionnaires à partir chez les Papous. Soucieux de la préparation de ses missionnaires selon leurs aptitudes, il m'envoya à l'Université de Washington (D. C.) afin d'étudier l'anthropologie, la missiologie et la sociologie pour un an, en août 1958. Pour payer mes cours et ma pension, je trouvai un poste comme deuxième aumônier à l'Hôpital général de Washington (D. C.) à titre d'aide au père John Connor, un charmant Irlandais. Cet hôpital soignait environ 3 000 patients. Enfin, j'étais avec les pauvres, les malades et les démunis. C'était le temps de vivre l'Évangile... de réaliser les effets bénéfiques directs de la parole et du contact des mains sur un autre être humain.

Quelques mois plus tard, m'avisant que j'avais des heures libres, le soir, au lieu d'avoir des conversations élégantes avec les belles et gentilles infirmières, je décidai que je pourrais apprendre un peu de médecine en vue de mon stage dans la jungle: je décidai que je pourrais ainsi soigner les Papous et même sauver des vies.

Le Dr Miller, à qui je confiais mon désir au cours d'une conversation à la cafétéria, m'invita à faire un stage aux salles d'urgence trois soirs par semaine.

— *Padre* Guy, achetez-vous un uniforme blanc de médecin, des souliers blancs, sans oublier un stéthoscope. Votre carte d'aumônier sera votre passeport... Je vais vous guider.

J'utilisai l'argent que j'avais reçu en cadeau et devins Dr Guy, membre actif de la salle des urgences. Quelle affaire!... Les mardi, jeudi et samedi de 21 h à 4 h, j'aidais à soigner les accidentés automobiles, les cas de brûlures, d'empoisonnement et les cas urgents de maternité. Étudiant superficiellement le livre de base *Merck*, j'appris à administrer des injections contre le tétanos, des calmants, des sérums, la xylocaïne pour insensibiliser et faire les points de suture, à poser des plâtres. Quel métier, mais quel enthousiasme!... J'œuvrais dans un nouveau monde.

— Que fais-tu de ta vie? semblait me questionner Jésus-Christ dans mon subconscient alors que je me mettais au lit mort de fatigue.

En mars 1959, je reçus une lettre de mon provincial, le père Décari, qui mentionnait que la future mission de Papouasie ne pourrait s'ouvrir sans l'acquisition d'un bateau et d'un avion. Il me demandait si je désirais suivre le cours de pilotage et si j'en avais le temps. Quelle question!

Débrouillard mais pauvre, je m'installai au volant d'une vieille Ford 1950 que me prêta un médecin pour me rendre à l'aéroport Rose Valley, à 40 km de Washington. Je m'inscrivis et mon premier instructeur, Tom Oneto, un Italien, me suggéra l'achat de mon premier livre d'aviation et me donna une heure de formation à bord d'un Piper J-3. Quelle merveille! Jamais mes grands-mères n'auraient cru cela: p'tit Guy qui vole...

À la quatrième heure de vol, Tom m'envoya en solo pendant 30 minutes et je revins tout heureux: quelle belle expérience de libération, de liberté! Un vol solo engendre toujours une célébration mais, dans mon cas, je créai de la confusion.

— *Padre* Guy, nous allons vous couper la cravate. Venez ici! crièrent les pilotes.

Silence... Tom Oneto avait une paire de ciseaux à la main, mais resta figé et dit:

— Je ne sais pas comment couper un col romain. Oublions la cérémonie d'initiation!

J'obtins mon brevet de pilote privé en juillet 1959. Je n'avais pas idée, à ce moment-là, de l'importance de cette première licence de pilote, ni de l'influence qu'elle aurait sur la suite de mon existence. Je ne le comprendrais que plus tard. Plusieurs missions sont très isolées, sans accès aux soins médicaux et aux nécessités pour survivre. Le bruit de l'avion créerait l'espoir. Le service d'un petit avion représente la différence entre survivre ou mourir, entre une école ouverte ou fermée par manque de matériel scolaire, entre une génératrice ou un tracteur opérationnel ou inactif en attendant les pièces de rechange, entre un vol confortable de quelques heures ou un long voyage d'une semaine en bateau pour les missionnaires, médecins et infirmières harcelés par les moustiques. Je ne pouvais pas prévoir que des laïcs doués d'un esprit humanitaire avaient tant à cœur d'organiser beaucoup d'envolées pour la simple joie de rendre service qu'importent les frontières, les religions et les races.

Retournant à Montréal avec mes crédits universitaires, ma licence de pilote, un peu d'expérience de travail dans les salles des urgences, une formation de trois semaines pour anesthésier les gencives et extraire les dents sans douleur et

une valise remplie de seringues, pinces, forceps et autres instruments, je me sentais bien préparé pour coopérer à l'œuvre
missionnaire chez les Papous. L'aide de grands éducateurs,
combinée avec mon enthousiasme – j'étudiais 16 heures par
jour –, me donnerait la sagesse nécessaire pour répondre à
l'appel, prendre mon envol...

De septembre 1959 à février 1960, sur instruction de mes
supérieurs, je fréquentai l'Institut Teccart de Montréal, y
suivant un cours d'électronique et travaillant à l'atelier sur les
radio-émetteurs à très haute fréquence et à haute fréquence
SSB.

Le meilleur côté de ce stage fut que je pouvais rendre
visite à ma famille et promouvoir la Mission Montfortaine
avec laquelle je m'embarquais pour six ans. Prêt pour le
décollage?

Chapitre 2

Envol vers la Papouasie–
Nouvelle-Guinée

L e 4 mars 1960 est une date inscrite en rouge dans le journal de ma vie; le jour inoubliable du grand départ missionnaire à partir de l'aéroport de Dorval, où les baraques militaires servaient de salle d'attente. Nous étions six à partir: les pères René Vanier, Benoît Tourigny, Gérard Deschamps, Jean-Claude Béland, le frère Rosaire Précourt et moi-même. Nous voyagions habillés en ecclésiastiques. Mes parents ainsi que des représentants des Montfortains s'étaient réunis pour ce départ.

La piste d'atterrissage de Kiunga.

«P'tit Guy s'en va chez les Papous, s'exclamait-on avec fierté. Six longues années sans le voir. Quel courage... mais tout pour la mission et le Seigneur.»

Même les paroissiens de Saint-Hugues, où avait eu lieu une belle fête d'adieu, mes bons amis suivaient l'ENVOL. Étais-je triste de partir, de quitter ma famille? C'est curieux, je vivais l'instant dans une sorte d'euphorie: enfin, je commençais à réaliser mon idéal et je sentis que tous ceux qui étaient là affichaient leur joie pour moi.

Souhaitant la paix et du bien à tous, je montai à bord d'un avion turbopropulseur Britannia du Canadien Pacifique en partance pour Vancouver. Mon premier vol transcanadien dura neuf heures. Le lendemain, avec la compagnie Quantas, en Boeing 707, nous traversions l'océan Pacifique avec escale aux îles Hawaii et Fidji, puis en route vers Sydney (Australie). La procure des pères du Sacré-Cœur nous donna l'hospitalité pour quatre jours.

Le 8 mars 1960, quatre jours seulement après mon départ, je reçus un télégramme de Montréal m'annonçant le décès de mon père. Subitement le 7 mars, en travaillant sur la ferme, il s'était écroulé, probablement victime d'une congestion cérébrale.

Par la lettre suivante, ma mère me narra les détails: mon père s'était levé comme de coutume à 6 h, avait allumé le poêle à bois L'Islet qui servait à chauffer la maison et à cuire les aliments. Après son petit-déjeuner, il était sorti pour prendre soin de ses vaches, chevaux et poules à l'étable. Vers les 10 h, comme ma mère ne le voyait pas circuler et qu'il ne revenait pas prendre sa tasse de café, elle s'habilla et marcha jusqu'à l'étable et l'y trouva étendu parmi les bottes de foin.

«C'est vrai, disait-elle pour se consoler, il n'y a pas d'endroit précis pour mourir. Dieu seul est partout.»

Toute la famille et les paroissiens de Saint-Hugues rendirent un bel hommage à mon père à ses funérailles: homme charitable, travaillant, jovial, honnête…

À la réception du télégramme m'annonçant son décès, mes confrères se montrèrent très compatissants. Je leur demandai à rester seul avec ma peine, avec mon serrement de gorge, de cœur et d'estomac. J'errai dans la ville de Sydney durant quatre heures, admirant une magnifique ville, nouvelle pour moi, mais mes pensées me ramenaient à Saint-Hugues.

Je me disais: «Il y a des événements qui n'arrivent qu'à moi: des joies, des tristesses.»

Je me sentais impuissant. Je revoyais toute la vie de mon père: bonté, patience, honnêteté, travail et sourire. Pour moi, il est toujours vivant… Je ne l'ai pas vu mort. Je me souviens d'une conversation avant de partir: «J'irai te voir bientôt chez les Papous, mais je m'arrêterai quelques jours dans la vallée de Josaphat», m'avait-il lancé en boutade.

Je lui fis la promesse que je l'embarquerais pour tous les vols d'avion que je ferais dans ma vie…

Le 15 mars, mes confrères et moi montions à bord d'un Electra-Lockheed de la compagnie Ansett pour Port Moresby, la capitale de la Papouasie et Nouvelle-Guinée. Cette île avec ses 462 840 km^2 peut se targuer d'être la deuxième plus grande au monde après le Groenland.

Située près de la mer au sud du pays, Port Moresby était une ville chaude et humide. L'attente à l'aéroport nous donna le temps de nous acclimater, de faire des plans et surtout de mettre notre patience à l'épreuve. Nous étions encore très loin de notre destination, Kiunga. Les pères Edmond Lauzier et Amédée Cormier avaient acheté un bateau de 30 m appelé *Myrenia* et, par radio, nous apprenions qu'ils avaient fait un premier voyage de sept jours sur la *Fly River*, de Daru vers Kiunga: le bout du monde... Edmond attendait notre appel pour revenir à Daru, mais depuis deux semaines nous n'arrivions pas à trouver un avion. Le père Gérard Deschamps retourna à Sydney étudier le droit civil australien.

Enfin, après deux semaines d'attente à Port Moresby, nous avons loué un bimoteur Piaggio italien pour voler vers l'île de Daru, 644 km à l'ouest, près du delta de la *Fly River*. Attendre allait être le leitmotiv de toute ma carrière.

Le 1ᵉʳ avril 1960, le père Lauzier chargea le *Myrenia* de carburant, de nourriture, d'outils et de matériaux de

construction, et en route pour *Fly River*: le fleuve Moustique, qui porte bien son nom. Je n'oublierai jamais les sept jours et nuits passés sur le *Myrenia*. C'était une aventure. Un Papou, le capitaine Luis, tenait le gouvernail pendant qu'un autre montait la garde à la proue afin d'éviter les bancs de sable ou les billots flottants. Le soir, à l'arrêt du bateau, des nuées de gros maringouins jaunes nous mordaient. Vite, on se cachait sous les moustiquaires. Malheureusement, nous n'y étions pas entièrement protégés. Le matin, chacun se montrait ses piqûres sur les bras, les mains et la figure. Au clair de lune, le *Myrenia* continuait sa route toute la nuit. Enfin, Kiunga...

À l'arrivée, Cormier, un bonhomme bedonnant, joyeux et farceur vint nous souhaiter la bienvenue sur la grève, accompagné d'une trentaine de Papous. Il avait guetté le ronronnement du moteur depuis une heure.

«Enfin du renfort, s'écria-t-il, tout joyeux. Voilà du sang nouveau... de la jeunesse dynamique qui nous arrive.»

J'expérimentais la vie sous les tropiques. Quel soleil brûlant avec ses 40 °C, quel changement pour nous qui venions d'un Canada à -20 °C. Nous avons entrepris de marcher vers le site de la future mission, situé à deux kilomètres du point d'ancrage du *Myrenia*. On avait dit à Lauzier que le gouvernement australien se réservait les terrains près du fleuve pour la construction d'un poste de police.

«En route, à pied pour aller dîner, prononça Amédée, je vous ai fait préparer un bon repas avec du *cassowari*, des bananes et du riz.»

J'avais lu que le *cassowari* est un immense oiseau de la famille des autruches qui ne peut voler et qui pèse 60 kg.

Adieu mes beaux souliers neufs, bien cirés... Nous traversâmes deux ravins, enjambant des troncs d'arbres et un ruisseau, puis aperçûmes notre doux foyer: une immense paillote couverte de branches de palmier avec quatre chambres. Nous nous installâmes deux par chambre. C'était propre. De chaque côté de notre maison, des arbres coupés, des souches énormes se dressaient; puis, à 10 m, la jungle tropicale et luxuriante où les arbres de 2 m de circonférence se profilaient. Le dîner fut succulent et la conversation amicale.

Chacun des nouveaux arrivés félicita le courage et le jugement déployés par Lauzier et Cormier dans leur travail de
quatre mois. Au début, ils avaient vécu sur le bateau,
voyageant matin et soir. Ils jetaient les fondations de la
mission.

Le lendemain, nous retournâmes sur le *Myrenia* pour
organiser le débarquement de nos valises, des outils, des
médicaments, d'un groupe électrogène et d'une maison
préfabriquée en aluminium de huit chambres.

Le père Benedict Tourigny, 44 ans, venait d'une famille
de menuisiers ingénieux de Bécancour, Québec.

— Guy, à 27 ans, tu es jeune et fort, tu vas m'aider à
creuser des trous avec une tarière pour poser des pilotis, puis
nous irons couper des arbres de 60 cm pour en faire des
solives. Nous allons évidemment les équarrir à la hache. Ils
seront les fondations de notre maison moderne en aluminium.

L'enthousiasme, c'est fort. Avec des haches et des
machettes, une douzaine de travailleurs papous, dirigés par
leur compatriote Kawe, commencèrent à nettoyer un terrain
de 20 m sur 40 près de notre paillote: il fallait arracher brous-
sailles, troncs d'arbres et souches, puis niveler le terrain. Les
trous furent ensuite creusés tous les 2 m, et les pilotis
enfoncés à 1,5 m, bien en ligne. Les Papous travaillaient
pieds nus, souriant de voir mes espadrilles enlisées dans une
glaise rouge gluante alors que je suais sous un soleil de
plomb. Les solives furent préparées à l'ombre, dans la jungle,
et à bras de Papous chantant *yiou yiou* elles furent traînées
pour être installées sur les pilotis.

Pendant ce temps, un autre groupe préparait le plancher
avec les troncs d'un palmier appelé *sago*. Ils le fendirent en

lamelles de 10 cm, appelées planches de *goru*, qui, une fois clouées, formaient un beau plancher. Les femmes papoues recueillent le cœur de ce palmier pour en façonner une pâte qu'elles cuisent en galettes. C'est très nourrissant.

Après trois semaines de préparation, Tourigny entreprit de lever les murs et le toit de notre maison préfabriquée. Peut-être que Ville-Marie, sur les bords du fleuve Saint-Laurent, fut fondée de manière aussi sommaire par Maisonneuve et les Sulpiciens...

Avertis par tam-tam, les Papous des villages éloignés vinrent voir ce que les nouveaux missionnaires construisaient. Une maison qui peut durer la vie d'un homme et plus? «Impossible», dirent-ils en hochant la tête. Et pourtant... Les ouvriers recevaient un dollar par jour, un repas et une carotte de tabac noir. Notre nouvelle maison était un chef-d'œuvre: brillante au soleil, propre, fraîche à l'intérieur et à l'épreuve de la pluie et des coquerelles. De plus, nous avions chacun une chambre. Quel luxe!

Ici, je me dois de rendre hommage aux pionniers, mes confrères et compagnons qui ont manifesté un grand esprit de dévouement, de solidarité pour fonder la mission de Kiunga, réputée être la plus difficile au monde. Chacun avait ses qualités, sa préparation et son expérience. Des gens de cœur.

Vanier et Cormier, vétérans missionnaires du Malawi et du Kenya, se mirent à l'étude des dialectes motu, awin, ninguirum, puis du *pidgin-english* qui se parlait à travers le pays. Le soir, ils nous donnaient des cours de langue afin que nous puissions communiquer avec les Papous et les connaître davantage.

Pendant ce temps, Béland organisa une expédition pour contacter les villages awin à Matkomnai. Précourt travailla sans relâche pour développer un programme de culture hydroponique des légumes. Originaire de la Baie du Fèbvre, il aimait la pêche et partait souvent en canot sur le fleuve. Toujours habile, il nous rapportait de gros poissons de quatre à huit kilos. Il s'occupait du fusil de calibre .12 que le chasseur kawe utilisait pour abattre un sanglier ou un *cassowari*.

En tant que supérieur, Lauzier coordonnait l'ensemble de la mission tout en tenant un petit magasin de haches, machettes, sel, sucre, shorts et chemises. Vendu en carottes, le tabac noir à la mélasse était recherché par les Papous, qui le coupaient finement et le roulait dans du papier journal en forme de cigarette. C'était vraiment fort!

Le magasin rustique était bâti en bois rond, avec toit de branches de palmier remplies d'insectes et de coquerelles, mais je fus heureux lorsque Lauzier me permit de l'utiliser pour y créer un humble dispensaire. J'installai des étagères et y disposai bandages, pilules, pénicilline, iode, listerine et onguents, sans oublier ma trousse de dentiste.

Notre plus grand problème était l'isolement, considérable et inquiétant. Notre seul moyen de transport était le *Myrenia* et nous nous trouvions près de 950 km de Daru. Notre seul accès était la *Fly River*. Tous les 15 jours, un *Catalina Ansett* venait de Port Moresby, mais amerrissait à la jonction de la *Fly River* et de la *Alice River*. Le *Myrenia* devait naviguer huit heures pour nous mener à l'avion amphibie, qui souvent ne venait pas: *Catalina peut-être* était devenu son surnom! Le courrier arrivait avec les gigots de mouton d'Australie, préparés par les missionnaires du Sacré-Cœur de Port Moresby. Je recevais des lettres de ma famille et des amis datées de plus d'un mois. La correspondance épistolaire, faite durant les chauds après-midi du dimanche, m'aida à relater ce que je vivais et à garder un certain équilibre mental durant les six ans que je passai chez les Papous.

La mission de Kiunga, complètement isolée, et les populations vivant encore plus au nord dans les montagnes avaient besoin d'un service d'avion pour se développer. Les autorités montfortaines de Montréal consentirent à l'achat d'un appareil: un Cessna 185 monomoteur avec soute pour du fret fut commandé à Wichita (Kansas). La compagnie promit que le Cessna serait livré dans deux mois à une compagnie de La Nouvelle-Orléans se spécialisant dans l'acheminement d'avions en conteneurs par voie maritime. On nous dit que, si cette méthode d'envoi n'était pas la plus rapide, on pouvait néanmoins être assuré dans 99,9 % des cas d'une livraison sécuritaire, cette assurance tombant à 60 % si on empruntait la voie des airs pour traverser le Pacifique. Ainsi, dans six mois, le conteneur arriverait au port de Wewak, sur la côte nord de la Nouvelle-Guinée, où je rencontrerais le pilote-mécanicien et père Ivo Ruiter pour assembler le Cessna 185 et recevoir un entraînement de pilote de brousse adapté à la Nouvelle-Guinée.

Nous avions désormais un grand projet: une piste d'atterrissage devait être construite avant l'arrivée de l'avion. La jungle tropicale, l'enfer vert avec ses arbres géants de 2 à 3 m de diamètre, le terrain inégal lavé par 750 mm de pluie par année feraient travailler nos cerveaux et nos bras. Quelle aventure! Quel défi!

Choisir et occuper un terrain chez les Papous demandaient un contrat en bonne et due forme. Ed Fitzer, l'officier australien qui représentait le gouvernement du district, nous offrit sa collaboration pour bien clarifier les droits de propriété et l'usage futur de la piste et l'emploi d'une vingtaine d'hommes. La mission serait responsable et maître d'œuvre de la piste.

Lauzier me confia la tâche. Peut-être était-ce la base d'un futur aéroport international? Le premier travail et le plus important fut le choix du site. Kawe devint mon ami dès mon arrivée. Qui mieux que lui pouvait connaître la jungle et comprendre ce que je voulais? Avec son aide et celle d'une dizaine de ses amis armés de haches et de machettes, nous partîmes dégager un sentier de 3 m de large d'une longueur de 800 m. Après trois jours, M. Fitzer et les missionnaires furent invités à parcourir le centre de la future piste. Chacun se prononça avec réserve. «Pas facile», lança Vanier, tout essoufflé par ses 62 ans... Après un bon rhum australien et une prière à la Providence, on décida d'aller de l'avant. Cormier se chargea d'engager une centaine de Papous, qui recevraient un dollar la journée, ainsi qu'un repas que leurs femmes prépareraient. C'était un gros investissement. De mon côté, je préparai mes outils: un théodolite, un cahier, de longues ficelles, des dizaines de bâtons et les deux scies mécaniques (une petite de un mètre et la championne de deux mètres fonctionnaient bien). Un lundi matin, je passai à l'attaque.

Je reçus toute une leçon de sagesse de la part des Papous dès la première journée. Comme un bon bûcheron canadien, je voulais couper les arbres sur la souche avec la scie mécanique.

— Guy, m'annonça Kawe en me touchant le bras, nous ne coupons pas les arbres ainsi. Nous coupons d'abord les racines autour de la souche. Puis, lorsqu'un orage éclate avec un vent très fort, l'arbre tombe et la souche sort de terre. Autrement, nous devrons travailler trop fort pour sortir les souches que tu vas laisser.

Je faillis m'étouffer... rouge de surprise et de honte. Il venait de me donner la bonne marche à suivre pour éviter toute erreur. Quel bon jugement avait Kawe! Très brillant.

—Je te remercie, Kawe, de m'avoir averti. Mon estime pour toi n'en est que plus grande, lui répondis-je.

Et voilà! La jungle ne fut plus troublée par le ronronnement strident de la scie mécanique. On n'entendit plus que les coups de hache qui coupaient les racines des arbres sur 800 m de long et 20 m de large. Trois semaines plus tard, durant la nuit, un orage violent s'abattit sur la région de Kiunga, avec des bourrasques de 130 km/h. Au lever du soleil, les Papous chantaient *yiou yiou*, leur traditionnel chant de joie. Une clairière avait remplacé la jungle. Le bulldozer météorologique avait fait son œuvre mieux qu'un Carterpillar. Quel désastre au sol, mais quelle belle clairière!

Nous disposions maintenant d'un petit moulin à scie, monté par Tourigny, et d'un tracteur Massey-Ferguson. Les meilleurs billots furent coupés pour confectionner des madriers et des planches. Trois semaines plus tard, l'ardent soleil avait séché la végétation et on y mit le feu pour terminer le nettoyage.

C'était difficile pour les Papous de comprendre ce que nous faisions. Imaginez! envahir une forêt de plus de 1 000 ans et délocaliser lianes, orchidées, parasites, serpents, oiseaux, insectes et abeilles. J'étais extrêmement reconnaissant à l'égard de la centaine de Papous qui travaillèrent à la première piste. C'était aussi un monde totalement nouveau pour moi, un changement complet dans mes habitudes de vie.

Un soir, complètement épuisé, je demandai à l'Être suprême: «Franchement, dites-moi ce que je fais dans cette jungle. Quelle utilité ont la philosophie, la théologie et le droit canon que j'ai étudiés durant plusieurs années? Comment ces études vont-elles bénéficier aux Papous?»

Après une vingtaine de profondes inspirations pour oxygéner et reposer mon corps, ma conscience reçut sa réponse: «C'est la vraie vie que tu désirais et qui te convient...»

Pour faciliter le décollage et l'atterrissage, on fit tomber 20 m de forêt à chaque extrémité. Le brûlage de troncs d'arbres et de souches dura un bon 15 jours. Je me rappelle que certains acajous secs se tenaient encore debout et comme le tronc était creux, le feu entra par les racines et brûla comme dans une cheminée éclairant la zone durant la nuit. Un beau spectacle!

Une fois le feu éteint, les femmes papoues ramassaient le charbon pour cuire la nourriture et la potasse pour fertiliser dans leur jardin les plants de bananes et les papayers. Les Papous n'étaient pas gaspilleux.

Nous faisions des progrès et je commençais à rêver que la piste était achevée et que le bruit de l'avion remplissait les oreilles des ouvriers... mais il restait encore beaucoup d'ouvrage à abattre.

NIVELER À BRAS D'HOMMES

Servant à établir des lignes horizontales au niveau, le théodolite était un instrument indispensable pour ce travail. Des centaines de petits piquets, ornés d'un ruban rouge, furent plantés en rangées de 6 tous les 4 m sur 800 m. Quelques-uns étaient enfouis dans le sol, tandis que d'autres dépassaient de 5 à 30 cm, désignant les endroits où il fallait enlever ou ajouter de la terre. La terre noire fut complètement enlevée et mise en réserve pour les jardins. Il fallait des piques pour creuser dans la glaise rouge de type bauxite.

Quarante piques d'acier et 75 pelles furent distribués aux Papous qui se confectionnèrent des manches en bois dur. Pour trans-
porter la terre, les Papous se préparèrent des paniers avec les sacs de riz soutenus par deux bâtons, comme une civière. Toute nouvelle invention était la bienvenue. Ils travail-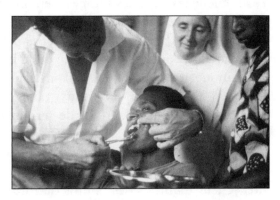
laient en groupe de cinq – un Papou avec le pic, deux avec les pelles et deux autres avec le panier-civière.

Je pensais souvent que si les Papous avaient travaillé pour les Pharaons, les pyramides d'Égypte auraient monté plus vite... Combien de mètres cubes de glaise furent transportés? Beaucoup, bien que je ne le sache pas exactement, n'ayant pas d'ordinateur pour le calculer à ce moment-là.

C'était un défi monstrueux que de nourrir ces ouvriers qui étaient venus des villages voisins avec leurs familles. Ils avaient pris le temps de se bâtir des paillotes. La mission donnait un repas par jour: rations de riz, viandes et poissons en boîtes de conserve et bananes. Les chasseurs expérimentés revenaient avec des *cassowaris*, des cochons sauvages et des gros pigeons. Précourt levait ses filets tous les matins et nous ramenait des poissons respectables de trois à neuf kilos.

Pendant qu'ils travaillaient, les Papous chantaient et mâchaient des noix de bétel mélangées à de la chaux-calcium pour avoir de l'énergie. Je voyais leurs dents rouges lorsqu'ils riaient. Pour se rafraîchir du soleil qui chauffait de 8 h à 20 h, les femmes se chargeaient d'apporter régulièrement de l'eau fraîche puisée à des sources bien préservées de la chaleur.

Je ne peux que supposer le thème des conversations tenues par les Papous durant les repas pris en famille le soir. Bien nourris, contents de leur vie et de leur travail, tout était magnifique et pacifique. Mais ils m'avaient demandé:

— Pourquoi coupons-nous tant d'arbres? Pourquoi niveler une si grande surface de terrain où le père Guy ne bâtira pas de maison?

Je faisais un effort spécial pour maintenir leur enthousiasme durant le jour en prenant les mesures avec le théodolite. Je leur montrais des photos du futur Cessna 185, expliquant qu'un jour je serais à l'intérieur, que je viendrais de la source de la *Fly River*, là-bas dans les montagnes.

— Je vais voler et planer comme un oiseau du paradis et je vais descendre doucement sur ce terrain que vous nivelez, leur dis-je.

Les Papous se grattaient la tête en signe de confusion. Cette dose d'informations était trop importante pour plusieurs d'entre eux. Quel mystère! C'était impossible! Mes paroles entraient en conflit avec leur sagesse séculaire, leurs coutumes et des siècles de tradition. L'oiseau peut voler dans les airs, mais l'homme marche sur le sol avec ses deux pieds.

Plusieurs étaient enthousiastes et curieux, gardant l'espoir de voir l'avion... un jour. Fin de la récréation! Tout le monde reprenait le travail. Pendant ce temps, les enfants confectionnaient de petits avions avec des bâtons de palmier ou en sculptaient dans une pièce de bois mou. Ils les lançaient afin qu'ils volent quelques mètres.

En plus des autres activités de la mission, après mes prières à 7 h 15 chaque matin, j'ouvrais mon petit dispensaire. Quelle misère tout de même... Je soignais les maux d'yeux, les plaies tropicales, les coupures en faisant des points de suture, la malaria avec de la nivaquine ou de la quinine. Le malaise le plus important pour les Papous était le mal de dents. Déjà la première semaine de mon arrivée, je pratiquais de la chirurgie buccale, le patient assis sur une souche au soleil pour mieux voir. C'était presque un miracle pour le Papou souffrant. L'injection de xylocaïne ou l'anesthésie locale, puis avec de bonnes pinces appropriées l'extraction avec rotation et sans douleur, comme on me l'avait enseigné pendant mon stage à l'Hôpital général de Washington (D. C.) Les Papous croyaient que j'étais magicien.

Auparavant, la méthode séculaire des Papous était l'insertion de deux petits bâtons en acajou dans la gencive, un de chaque côté de la dent cariée, puis on poussait par en bas violemment, comme on fait pour lever un poteau qui est planté profondément dans la glaise. Quelquefois, même si le patient criait de douleur, le dentiste papou avait à répéter l'opération cinq à six fois pour accomplir sa tâche.

De jour en jour, je méritai leur confiance puisque des douzaines d'hommes, femmes, enfants et bébés venaient à mon dispensaire. La majorité guérissait; certains moururent, recevant au moins ma bénédiction pour s'envoler vers un monde meilleur.

Je crois que j'ai aidé plusieurs de ces humbles Papous davantage avec mes paroles de confiance et l'imposition de mes mains qu'avec mes médicaments.

Avec espoir, je désirais ardemment la venue de l'avion de la mission de sorte que des docteurs, des dentistes, des infirmières, des optométristes puissent œuvrer parmi ces populations isolées ou que l'avion servant d'ambulance transporte les cas urgents vers les hôpitaux bien équipés de Daru, Wewak ou Port Moresby.

Les orages tropicaux tombaient en pluie drue et abondante. Dix centimètres de pluie en deux heures, ce n'était pas inhabituel. Sur notre aéroport, nous travaillions souvent dans des trous de glaise rouge jusqu'aux mollets. Le gouvernement australien avait chargé Précourt de la première station météorologique de la région: pluie, température, humidité et heures ensoleillées furent bien notées et envoyées à Sydney. Une moyenne de 60 cm de pluie par mois fut vérifiée, en comparaison des 150 cm par année au Canada ou aux États-Unis.

Lorsque la glaise rouge séchait, elle devenait dure comme du ciment. La piste avait une bonne courbure: bombée de 1,5 m au centre par rapport aux côtés. La niveleuse de brousse – quatre billots équarris assemblés en rectangle et tirés par le tracteur Massey-Ferguson – ajouta la touche finale à notre œuvre. Amaigris et brûlés par le soleil, nos corps se pliaient à notre volonté de réussir. Il y avait de l'espoir. Je chantais en latin, français, anglais, mais invariablement mes chansons finissaient par *yiou yiou*, sous les rires des Papous.

Tout le long de la piste, on creusa un fossé de 50 cm pour en drainer l'eau.

Finalement, je déclarai solennellement: «LA PISTE DE KIUNGA EST TERMINÉE!»

Il fallait célébrer. Un banquet papou fut préparé incluant du riz, des fèves, des *cassowaris*, des cochons, des poissons, des galettes de *sago* et des gros pigeons. Des branches de palmier furent installées comme décorations devant la plus grande paillote. Dès 15 h, le tam-tam retentit pour lancer une invitation au repas et à la danse. Les chefs arrivèrent coiffés de leur chapeau de plumes d'oiseau du paradis et portant une ceinture ornée de plumes des oiseaux locaux. La présence de ces hommes signifiait l'approbation de la construction de la piste.

Les plumes portées seulement en certaines occasions ont la même signification que les drapeaux dans notre culture et un bâton sculpté désigne l'autorité. Voyez les évêques avec leur mitre et leur crosse; le symbole reste le même. En étudiant les costumes, on peut définir, selon la combinaison des plumes portées, un certain nombre de choses au sujet du chef, sa tribu, son autorité et ses coutumes. Cela nous permet de savoir comment nous comporter en sa présence.

La fête dura toute la nuit. Au lever du soleil, heureux, fatigués et satisfaits de la reconnaissance de leurs six mois de travail, les Papous retournèrent dans leur village. C'était un jour historique: le 4 juin 1961.

Chapitre 3

Envol dans le ciel de Papouasie

L a fin de la construction de la piste de Kiunga marqua pour moi le début d'une longue carrière en aviation humanitaire. Me préparant à partir pour Wewak, après plus d'un an dans la jungle à Kiunga, je réalisai que, pour la première fois de ma vie, j'avais passé une année complète confiné dans un même lieu.

Avec Tourigny, je fis le voyage de sept jours en descendant la *Fly River* vers Daru à bord du *Myrenia*. Puis, je

Entretien à Wewak.

m'envolai pour Port Moresby, Madang et Wewak, afin d'accueillir au port de mer le nouveau Cessna 185 de la mission. Je souhaitais que mon retour vers Kiunga se fasse rapidement.

J'avais 28 ans, j'étais maigre et brûlé par le soleil, mais en excellente santé. Je montrai mes permis de vol américain et australien. Mon carnet de vol indiquait 65 h de vol, dont 3 aux instruments IFR. J'admets que c'était très peu d'expérience, mais j'étais fier, peut-être excentrique mais prudent. Et je savais écouter.

Le père Ivo Ruiter, des Missionnaires du Verbe divin, un Américain, était pilote et mécanicien d'aviation: une bonne combinaison pour le pilotage de brousse. Il m'accueillit à bras ouverts au sein de sa communauté. Ivo me montra les documents du Cessna 185: preuves d'achat, papiers d'embarquement maritime, exemptions de douanes. Propriétaire et opérateur: Mission Montfort, Daru.

— Dans deux jours, le conteneur de l'avion sera livré à notre hangar, me dit Ivo. Tu dois être content maintenant, mon Guy.

Quelle réflexion! Dans la vie, on avance par étapes d'une période d'enthousiasme à une autre. Je ne me souviens pas d'émotion aussi forte que celle ressentie lorsqu'on ouvrit les portes du conteneur. L'avion était rouge et blanc, bordé de bandes noires: un oiseau du paradis... Les lettres d'enregistrement étaient: *VH-MDW*.

Le fuselage et le moteur étaient déjà assemblés. Avec un monte-charge, nous levâmes le fuselage pour l'installation du train d'atterrissage. Puis, on roula l'avion dans le hangar. J'étais satisfait de voir les ailes, le palier et l'hélice bien emballés et arrivés sans dommage ni égratignure. La sécurité avait été maximale. Les gens qui préparent ces avions pour un envoi outre-mer connaissent bien leur métier.

— On va s'organiser, Guy, dit Ivo. À l'ouvrage. Cet après-midi, avec l'aide de mes assistants mécaniciens papous, nous allons installer les ailes, les connexions des réservoirs et les câbles. Demain, le gouvernail et le palier, puis l'hélice, ce qui est le plus facile. Nous prendrons toute la journée pour vérifier et faire une rigoureuse inspection certifiée de 100 h que je signerai. Dans trois jours, nous procéderons aux tests en vol.

Les événements se précipitèrent... En quelques jours, nous étions prêts pour le décollage, Ivo et moi, et nous volions au-dessus de Wewak, vers la mer. J'en ressentais une certaine euphorie. Mon entraînement à Rosevalley s'était fait sur un Piper-J3 avec moteur de 65 forces. Maintenant, je volais avec un oiseau plus gros, plus lourd et plus puissant: 300 forces. Le bon évêque Léo Arkfeld, 63 ans, renommé pilote de brousse, me donna 2 h de son temps pour m'entraîner aux courts décollages et atterrissages. Pour couvrir les frais, Ivo utilisait mes heures d'entraînement sur le Cessna 185 pour des vols missionnaires. En 10 jours, je pus ajouter 28 h de vol à mon carnet.

— Te sens-tu capable de voler de Wewak à Kiunga, mon jeune Guy? me demanda Ivo en souriant. Bonne chance. Sois sage.

Quel conseil merveilleux! Avec un actif de 90 h de vol, dont 22 h aux instruments pour affronter les nuages et la pluie, je planifiai mon premier vol solo vers la Terre promise de Kiunga. Par radio haute fréquence, je parlais avec Cormier à la mission. Tous les missionnaires et les Papous étaient nerveux et impatients de voir la première arrivée de l'avion missionnaire et humanitaire, mais ils ne manquèrent pas de tirer profit du voyage pour me demander d'emporter des légumes frais, des outils, de la farine, du savon et des médicaments.

Avec 84 gallons d'avgaz, 6 h d'autonomie et chargé à 90 % du poids permis par le manufacturier, je décollai de Wewak par une belle journée ensoleillée, passant au-dessus de Maprik, Abunti, Telefomin et le fameux Owen Stanley Range avec ses pics de 4 000 m, puis je descendis au-dessus de la jungle à 1 000 m d'altitude pour trouver la source de la *Fly River*.

Pour la première partie du vol, j'étais au-dessus d'un territoire familier, celui survolé à l'entraînement, mais par la suite le terrain montagneux était tout nouveau pour moi. Vive les bonnes cartes ONC de navigation! Curieusement, je ne me sentais pas seul: je pensai à mon père décédé et cela me réconforta. La jungle de Kiunga était ensoleillée avec peu de nuages. Après 2 h 20 min de vol, j'avais le fleuve *Fly* et Kiunga en vue; par radio, je parlai à Cormier et Ivo: «Opération normale. Merci. J'atterris à Kiunga.»

LE BRUIT DE L'AVION

Les missionnaires et une foule de Papous attendaient pour l'atterrissage du désormais célèbre, mais pas encore en vue, avion rouge, blanc et noir de la mission. De la piste où ils avaient travaillé et sué, les Papous voulaient voir de leurs propres yeux cet oiseau du paradis, du ciel, et j'entendais le *yiou yiou* qu'hommes, femmes et enfants lançaient vers les cieux.

Dès ce jour, j'appris à éteindre le moteur de l'avion et à veiller à l'arrêt de l'hélice avant d'atteindre la foule en attente.

Lorsque l'avion s'immobilisa, ils coururent regarder la merveille de près, touchant différentes parties, émerveillés, pensant et secouant la tête. Je sentis qu'ils comprenaient quel genre de révolution arrivait: leur vie de villageois papous ne serait plus jamais la même; serait-elle mieux? C'était mon désir le plus sincère. Je marchai parmi mes amis, serrant les mains, faisant craquer les jointures, et j'en embrassai plusieurs. Je me sentais rempli de joie et de bonheur. Ma première envolée vers Kiunga. Une libération pour les dévoués missionnaires et les Papous isolés.

La soute sous l'avion en intrigua plusieurs.

— Votre oiseau est enceinte, père Guy? osa demander Kawe. Un nouvel avion va naître?

Je hochai la tête et j'ouvris la porte de la soute pour en extraire un sac d'oignons et des boîtes.

— Mes ancêtres, mes grands-mères ne le croiraient pas! s'écria Kawe.

SERVICE AÉRIEN MISSIONNAIRE ET HUMANITAIRE

Pour les Papous, l'oiseau du paradis, reconnaissable par sa longue queue et ses belles plumes de couleurs brillantes, avait pris une nouvelle et incroyable forme. De simple ornement, il était devenu le libérateur qui mettrait fin à leurs maladies et à leur solitude, un dispensateur de sagesse à travers l'éducation, la connaissance d'eux-mêmes et de l'Être suprême.

Il fait toujours plaisir d'être applaudi pour une réalisation communautaire, mais la célébration se terminait et il fallait structurer notre service humanitaire aérien. Lauzier avait acheté 10 fûts de carburant d'avion et 20 gallons d'huile pour la base de Kiunga. Le *VH-MDW* était stationné et attaché sur la piste, exposé au soleil, au vent et à la pluie. Il n'y avait aucun gardien durant la nuit, mais cela ne m'inquiétait pas; j'avais confiance aux Papous.

Monseigneur Gérard Deschamps planifia deux vols par semaine vers Daru, le port maritime situé à l'embouchure de la *Fly River*, ce qui équivalait à 9 h de vol par semaine. Un bon début.

Avec deux missionnaires à bord, je m'envolai pour la première fois de Kiunga vers Daru au-dessus de la jungle, naviguant à vue, avec compas et montre mais pas d'ADF: *(Automatic Directionnal Finder)*, pas de VOR *(Vectoring Omni Range)*, pas de GPS *(Global Positioning System)*, pas de radar. Je suivis de loin les méandres de la *Fly River*, sachant bien qu'il n'y aurait aucun endroit pour atterrir d'urgence: la pensée d'un retour à la base était toujours présente. L'assurance d'un ravitaillement en carburant à Daru était cependant une préoccupation de moins. De plus, je me maintenais en contact par radio avec Wewak et Kiunga.

Voilà donc comment se déroula l'inauguration de notre humble service aérien Kiunga-Daru au-dessus de la jungle luxuriante de la Papouasie, transportant passagers, courrier, médicaments, professeurs, articles scolaires, pièces de rechange, etc. Un vol aller-retour, le même jour, en 4 h 30 min, un temps incroyable comparé aux 14 jours par bateau qu'il fallait avant l'apparition de l'avion. C'était un pas de géant pour le développement de ces régions.

Plus tard, un vol vers Port Moresby en passant par Daru fut au programme toutes les trois semaines: 10 h de vol. Toutes les 50 h de vol, je me rendais à Wewak pour l'inspection et l'entretien de l'avion et pour discuter de mes expériences avec Ivo, qui me recevait toujours cordialement, heureux de me voir vivant et souriant. Ivo m'enseigna le travail d'entretien sur les Cessna et les Dornier. Deux objectifs étaient ainsi en vue: apprendre en travaillant et gagner de l'argent pour payer l'entretien de l'avion de notre mission.

NOTE: Au cas où je ne mentionnerais plus le nom du père Ivo Ruiter, je voudrais affirmer ici que je lui dois mes 22 000 h de pilotage et mes leçons d'entretien d'avion. On lui doit aussi l'entraînement de beaucoup d'autres pilotes de brousse dans divers pays. Ivo Ruiter fut mon parrain en aviation de brousse.

Au retour, déviant de la route directe Wewak-Kiunga, au pied des montagnes, je m'arrêtais parfois à Goroka ou à Telefomin afin de prendre 500 kilos de légumes (patates, carottes, choux, laitues et tomates) pour la mission de Kiunga. La diète des missionnaires amaigris s'améliorait. Je crois sincèrement que l'avion a sauvé la vie d'une partie des missionnaires et des Papous tout en leur assurant un certain équilibre psychologique. Le stress du confinement dans la jungle était lourd à porter et le supérieur les laissait libres de prendre des vacances au frais dans les montagnes ou à Wewak au bord de la mer. Quelle libération!

En dépit de l'exigence du travail, la vie pour moi était de perpétuelles vacances; j'aimais tellement ce boulot. À la joie du pilotage, qui devenait une partie de ma vie, s'ajoutait celle de veiller à l'amélioration de la vie des Papous.

De 1961 à 1966, de nouveaux missionnaires arrivèrent du Canada à Port Moresby et je m'envolais les chercher. Heureusement, ils n'eurent pas à subir les misères des longues journées sur le *Myrenia*. Au moins 15 religieuses, les Filles de la Sagesse, vinrent coopérer en tant qu'infirmières, professeures et catéchètes.

Ensuite, trois frères Montfortains et cinq missionnaires laïcs se joignirent à notre club très sélect. Les Papous et la mission se développaient autant en nombre qu'en qualité d'éducation et de santé. On voulait former des infirmiers et des professeurs papous, des hommes et des femmes. Pour ma part, après trois mois de service aérien, j'assurais 90 h de vol par mois.

Lorsque notre service humanitaire de Kiunga fut bien organisé, on sentit le besoin de construire d'autres pistes de brousse pour les villages isolés comme Bosset, Matkomnai, Ninguirum, Bolivip, Strikland River et d'autres. Le développement de chaque piste tracée dans la jungle était toute une aventure. Un bon exemple fut celle de Matkomnai, au nord de Kiunga.

CONSTRUCTION DE LA PISTE
DE MATKOMNAI

Le patrouilleur Jean-Claude Béland se chargea de la construction de cette piste. C'était mon grand ami et un confrère d'études. Que d'heures passées ensemble à parler et à échanger sur les coutumes et les valeurs des Papous et de la bonne façon dont nous pourrions rendre compatibles leur civilisation et le christianisme. Nous revenions toujours au principe de base: être humain et partager. La mission possédait un grand canot de 16 m de long sur 1,5 m de large creusé dans un tronc d'arbre. Vraiment, c'était un canot impressionnant. Nous utilisions un moteur hors-bord Archimède, un chef-d'œuvre d'engin qui ronronnait 12 h d'affilée sans chauffer ni tousser.

Béland avait choisi un terrain probablement apte à se transformer en piste. Je décidai de l'accompagner durant trois jours: j'apportai mon théodolite, un galon à mesurer et des cordes. Béland partait pour six mois. Il chargea le canot de piques, haches, pelles, nourriture, et nous nous lançâmes sur le fleuve dès 6 h du matin. Une journée de voyage pour descendre la *Fly River*, puis remonter l'*Alice River*, puis sept heures de marche avec des porteurs comme l'avaient fait avant nous de grands explorateurs comme Baker, Livingstone et Stanley dans leur quête de la source du fleuve Nil et du fleuve Congo, en Afrique.

Les sentiers de la jungle mettaient nos efforts et notre équilibre à l'épreuve, ne serait-ce que pour traverser un

Expédition en canot à Dugout.

ruisseau sur un billot glissant. Nous luttions contre l'humidité, la chaleur, les moustiques et surtout les sangsues. Elles collaient à nos jambes et à nos cous, s'y gorgeant de sang. Pour nous en défaire, nous avions cependant une arme secrète et efficace. Béland et moi avons toujours été de gros fumeurs depuis que nous avions entrepris de devenir missionnaires. Ça occupe les mains et c'est bon pour le moral. Ainsi, avec le bout incandescent de notre cigarette, nous touchions les sangsues, qui se décrochaient vite, sans douleur pour nous ni saignements. Autrement, il y avait danger d'infection. Le téléphone tam-tam avertit la population de notre arrivée prochaine: on vint à notre rencontre avec des cris de joie:

«*Oi namo* Béland, *oi namo* Guy. Bonjour, Béland. Bonjour, Guy.»

Quelques heures plus tard, dans une paillote, couché à même le sol sur une natte, je m'endormis profondément, épuisé. En songe, je fus transporté sur un site idéal pour la future piste de Matkomnai.

L'odeur du café et une symphonie de chants d'oiseaux me réveillèrent. Comme si nous avions reçu une injection d'adrénaline, Béland et moi nous marchâmes rapidement vers le site envisagé pour la piste. Nous y trouvâmes une végétation dense, des arbres géants avec de longs tentacules, des serpents, des fourmis rouges et des guêpes. Le terrain n'était pas à niveau: ça allait par monts et par vaux.

— C'est le meilleur site que j'ai pu trouver dans cette région, me dit Béland avec fierté.

— Que penserait la FAA (Federal Aviation Administration), ou le ministère des Transports du Canada, ou la compagnie d'assurances en Australie en nous voyant préparer une piste dans ces conditions? dis-je à Béland. Qu'adviendra-t-il si j'ai un accident sur ce type de piste de brousse?

La décision était difficile. Nous n'étions pas assurés que ça marcherait, mais nous décidâmes de faire une brèche de 1 m de large sur 800 m. Une centaine de Papous, spécialistes de la machette et de la hache, s'attaquèrent à la jungle. Vers 15 h, je commençai à prendre des mesures avec le théodolite et des bâtons furent pieutés dans le sol. «Pauvre Cessna 185, pensais-je, je devrai lui faire faire des bonds de kangourou pour atterrir ici.» Nous avions 150 m à niveau, donc pas trop d'ouvrage de terrassement à faire, mais suivait une petite colline avec une pente de 35° puis 600 m de montée à 10° mais arasée. Cela me remit en mémoire une piste semblable, située dans la région de Wewak, où j'avais déjà atterri avec Ivo.

Un bon souper, une bonne discussion et une nuit de sommeil devraient m'aider à me prononcer sur cette piste.

Au lever du soleil, je mis ma main sur l'épaule de Béland:

— Splendide, mon ami, on va de l'avant. *Yiou, yiou.*

Béland traduisit la bonne nouvelle en dialecte *yungum*: les Papous de Matkomnai auraient leur piste d'atterrissage. Un nouvel oiseau du paradis viendrait bientôt leur rendre visite. Le village retentit alors de cris de joie et du tam-tam Marconi.

Béland se souvenait de la construction de la piste de Kiunga et savait ce qui l'attendait. Il garda le théodolite, le galon à mesurer et les cordes; nous avons revu les étapes de plantation des piquets à niveau et l'organisation des travailleurs. Je lui ai promis de survoler Matkomnai toutes les semaines et de procéder au largage de matériel aussitôt qu'un espace respectable serait déblayé, notamment de l'argent, du courrier et de la nourriture. La décision était historique.

Le lendemain, je me tapai sept heures de marche avec deux porteurs pour rejoindre notre canot motorisé, qui glissa tard dans la nuit au clair de lune. Assis sur ma chaise pliante, je pensais que la Providence était toujours trop généreuse avec moi: santé, force, courage et sagesse. Les Papous possédaient chacun leur terrain; moi, j'étais pauvre puisque j'avais fait vœu de pauvreté, mais j'étais riche puisque je pouvais rendre service aux autres.

Les Papous ont des yeux de lynx; on dit que le phosphore produit par les arbres morts en décomposition sur les cours d'eau contribue à leur procurer cette incroyable vue. Mon navigateur de canot Archimède accosta vers une heure du matin à la base de Kiunga: nous étions sains et saufs. Au petit-déjeuner, je racontai mon voyage et mes espoirs pour la future piste à Matkomnai. On discuta aussi de l'achat de six postes émetteurs portatifs à piles.

— C'est urgent, Béland est sans mode de communication avec Kiunga. Nous étions sans moyen de communiquer durant notre voyage. Nous avons fait d'énormes progrès depuis deux ans, mais dans l'avenir je suggère que les missionnaires qui partent en reconnaissance puissent communiquer avec la base de Kiunga. Ce sera plus sécuritaire et meilleur pour le moral. Un état d'urgence débouche souvent sur de bonnes décisions.

Le jour même, Lauzier commanda par radio à Wewak six émetteurs portatifs qui nous arriveraient de Sydney la semaine suivante par avion et que je ramènerais à Kiunga à l'occasion de mon prochain voyage. Par canot Archimède, Précourt irait personnellement rencontrer Béland à Matkomnai pour une visite d'amitié. Je mentionne ces faits pour démontrer l'esprit missionnaire qui régnait entre nous et l'attention que les autorités accordaient à notre bien-être et à notre succès.

Comme prévu, je recommençai mes vols réguliers et je me fis un devoir de survoler Matkomnai. La clairière s'élargissait puis, un jour, un drapeau blanc fut agité, sûrement le drap de Béland. J'espérais que le bruit de l'avion l'encouragerait ainsi que ses ouvriers. Un mois plus tard, avec son nouveau poste radio portatif, Béland annonçait qu'il était prêt à recevoir le premier largage.

Avec grand soin, Précourt et moi préparâmes les 21 sacs que nous allions larguer. On déposa des copeaux de bois dans les sacs de jute, puis on y glissa un sac de plastique dans lequel on inséra des boîtes de *corned-beef*, du poisson Mackerel, du riz et des haricots, sans oublier des carottes de tabac noir et du papier journal. La nourriture était en plus protégée par un second sac de plastique qu'on remplit d'air avec la pompe à gonfler du tracteur. Triple protection contre l'impact au sol.

J'enlevai la porte du Cessna 185 et on chargea les 21 sacs J'attachai une corde aux épaules et aux reins de Précourt de manière à former un harnais que je fixai au plancher de l'avion... une mesure de sécurité nécessaire en cas de fausse manœuvre.

Du ciel, la clairière de la nouvelle piste de Matkomnai ne paraissait pas plus grande qu'un court de tennis. «Opération précision», me dis-je. À vitesse minimale de décrochage, volets ouverts, je descendis au-dessus de la clairière.

Envoi. Trois sacs tombèrent. Arrêt. Plein régime, puis nouvelle approche.

Après plusieurs survols, les 21 sacs avaient quitté l'avion et étaient au sol, au bon endroit. Du moins, je l'espérais. Par radio, 15 minutes plus tard, Béland me transmit l'heureuse nouvelle: les sacs étaient tombés au bon endroit. Il avait aussi récupéré le sac rouge qui contenait le courrier et l'argent des travailleurs. Heureux de notre succès, nous retournâmes à Kiunga, à 30 minutes de vol, mais à ma grande surprise j'entendis de nouveau Béland à la radio:

— Un Papou vient de m'apporter une chaussure. As-tu perdu tes souliers avec toutes ces émotions, mon Guy? lança-t-il en éclatant de rire.

— Laisse-moi regarder, Claude. Non, j'ai encore mes espadrilles. Oh là là, Précourt est pieds nus maintenant, lui dis-je.

Je me tournai vers Précourt en riant:

— Toutes mes félicitations!

Le soir à la mission, on rit beaucoup de cet incident et on fêta le premier largage des sacs et des souliers en sirotant un bon rhum australien. Plusieurs d'entre nous écrivirent à leur famille l'histoire des chaussures de Précourt.

PREMIER ATTERRISSAGE À MATKOMNAI

Le 15 mai 1962, après cinq mois de dur labeur ponctué par les largages, Béland annonça que sa piste était terminée et sécuritaire. Je l'interrogeai au sujet des approches, de la solidité du terrain, et lui annonçai que j'irais atterrir lorsque deux jours consécutifs de soleil auraient permis d'assécher la piste. Je ne voulais pas que l'avion glisse sur le sol glaiseux.

Le fameux jour vint et avec 350 kilos de fret je fis une de mes meilleures approches sur la piste de Matkomnai. Le contact fut doux, même si la côte de 35° me fit une curieuse sensation. L'oiseau du paradis, le Cessna 18, fit son arrêt sans freiner en moins de 800 m.

— C'est un joyau de piste, Béland, dis-je en souriant de satisfaction tout en descendant de l'avion. Félicitations à tous.

Comme je serrais la main de ce travailleur acharné, je vis des larmes couler de ses yeux et je compris son émotion.

— *Gou doua*, Béland.» (En dialecte *awin*: Merci.) C'était vraiment un homme de confiance et le messager de l'espoir. Il savait les bienfaits que sa piste d'avion procurerait aux populations de la région.

Je demeurai au sol plus d'une heure pour satisfaire la curiosité des Papous: hommes, femmes et enfants voulaient toucher l'avion et l'homme volant de leurs propres mains. Le missionnaire avait dit la vérité.

Les jours suivants, en Cessna, je transportai à Matkomnai des feuilles d'aluminium pour deux maisons préfabriquées, une pour Béland et l'autre pour les trois sœurs qui viendraient ouvrir une école et se chargeraient du dispensaire de brousse.

On m'appelait le pilote solitaire. Une ligne aérienne opérée par un seul homme. Transport des passagers, du fret, entretien, faire le plein, peser et charger, je faisais tout seul. Cela demandait beaucoup d'efforts et le risque était présent; aucune erreur n'était permise. Ce travail ardu me donnait de grandes satisfactions sur le plan personnel et surtout spirituel. Je savais que, pour réaliser un travail de pionnier, on doit être rempli de sagesse, de courage et de force; j'en étais doté et reconnaissant.

Au fil des années, je me retrouvai à piloter de 100 à 120 h par mois. La mission se développa graduellement et en toute quiétude; le soleil brillait pour tout le monde avec des arcs-en-ciel occasionnels. Il m'arrivait d'occuper d'autres fonctions au sein de la mission; je n'oubliais pas mon ministère, ni mon métier de dentiste; j'aidais également au moulin à scie ou je réparais des moteurs.

Un jour, Claude Sigouin, missionnaire et docteur en droit canon, voulut aider et se déclara conducteur de tracteur pour décharger le *Myrenia* qui arrivait de Daru avec du *cargo*. Mais voilà que notre valeureux chauffeur passa trop près de la berge. Le Massey-Ferguson et la remorque prirent une dangereuse tangente: notre pieux chevalier et tout son attirail plongèrent dans la *Fly River* dans des éclaboussures de baleine. Sigouin revint seul à la surface et le tracteur demeura à 10 m de profondeur.

Bons plongeurs, les employés du bateau installèrent des câbles autour des essieux et, tirant avec l'ancre hydraulique du bateau, ils parvinrent à tirer le tracteur vers un méandre où apparaissait un banc de sable à eau basse. Heureusement, mère nature nous donna trois jours de beau temps, ce qui permit au fleuve de baisser de cinq mètres. Un beau midi, on aperçut enfin les roues du tracteur. Avec des câbles et une trentaine de Papous, on le remit sur ses roues, puis facilement il fut déplacé au sec. Sa remorque était toujours là.

Grâce aux outils du bateau, je procédai au changement d'huile, des filtres et du diesel du réservoir. Le soleil sécha le reste. Surprise! le moteur fonctionnait toujours. Je remis le tracteur en service et le déchargement put continuer. Cette mésaventure de Sigouin devint le sujet de conversation préféré dans les huttes des Papous et, malicieusement, dans la maison des missionnaires.

— Qu'as-tu appris d'utile à Rome, mon Sigouin, pour venir chez les Papous? nargua le vieux père Vanier.

En 1965, la mission acheta un avion Cessna 185 enregistré *VH-DJU*. Par conteneur, il fut envoyé à la compagnie Cessna de Sydney. Je m'y rendis pour l'assembler puis m'envolai via Brisbane, Townsville, Cairns et Daru-Kiunga.

Pendant ce temps, au Canada, le père André Bouchard entreprenait ses cours de pilotage et obtint sa licence pour voler aux instruments. L'amélioration dans la préparation des pilotes était donc notable. L'esprit missionnaire et humanitaire n'était plus seul à guider les volontaires. Bouchard arriva à Kiunga en octobre 1965. Je l'entraînai avec un pilote australien, missionnaire laïque, en les préparant le mieux possible pour le pilotage de brousse ainsi que les vols non standards qu'ils auraient à affronter. Je leur donnais tous les renseignement utiles, à eux de ne pas commettre d'erreur.

La mission franciscaine d'Aitape, à l'ouest de Wewak, nous confia un jour 21 veaux pour constituer un troupeau dont Précourt devait s'occuper en plus de ses 8 chèvres. Tourigny, qui aimait l'aventure, m'accompagna à Aitape. On attacha les pattes de 3 veaux pesant un bon 90 kilos, puis décollage vers Kiunga pour la première d'une série d'envolées qui prenaient 2 h 30 min.

Au-dessus des montagnes, à Telefomin, la météo n'était pas trop bonne. Cumulo-nimbus. Je ne pouvais pas me glisser dans les vallées et je dus monter à 5 000 m avec mes veaux, qui commencèrent à chercher leur oxygène.

— Guy, les veaux ont de la difficulté à respirer! me cria Tourigny. Tu dois voler plus bas.

— Impossible, pas avant de traverser les pics des montagnes, encore 15 minutes...

— As-tu des bonbonnes d'oxygène dans l'avion?

— Non. Mais même si j'en avais, quel masque s'ajusterait au museau du veau?

Tout à coup, nous survolâmes la jungle par un soleil radieux et je plongeai à 610 m à la minute. La respiration des veaux redevint normale et la nôtre aussi. Ainsi, les bestiaux survécurent à une quasi-tragédie mais une autre surprise nous attendait. Nous n'avions pas prévu l'émoi que notre cargaison créerait sur la piste de Kiunga. Les Papous n'avaient jamais vu de vaches. *Yiou, yiou*!

Bientôt, Précourt devint cow-boy avec son troupeau de 21 bêtes, toutes transportées par le Cessna de la mission.

Mon contrat de six ans touchait à sa fin et le jour où je quitterais la Papouasie approchait. Février 1966 était encerclé de rouge sur mon calendrier, comme un diplômé le ferait pour marquer la fin de ses études.

Avant mon départ, les sœurs vinrent nettoyer ma chambre et mes vêtements. Il ne restait pas grand-chose. Des vieilles chemises, des chaussons troués. Des coquerelles, des araignées, des fourmis et des moisissures habitaient les vêtements ecclésiastiques (*clergyman*) que je portais à mon arrivée. «Au moins, je n'irai pas pieds nus», me dis-je en cherchant mes beaux souliers noirs tout neufs, des pointures 13 que je n'avais pas utilisées depuis 6 ans. Hélas, ils étaient rongés de vert-de-gris, même à l'intérieur. Il faisait grand soleil, alors je les mis sur les marches de l'escalier et, tout confiant, je partis faire un vol. Malheureusement, tout ne se passa pas comme prévu.

Quand je rentrai, ô horreur! je découvris mes beaux souliers massacrés, mâchés. Quelques chèvres de Précourt faisant leur tournée journalière les avaient mastiquées, ne laissant que les semelles intactes. Quelle ironie! Je devrais donc rentrer à Montréal en plein hiver, probablement à - 15 °C, dans des bas de laine et des sandales. «Qu'ils sont beaux, les pieds des missionnaires!» chantait-on au cours des cérémonies de départ à l'église.

Un dimanche, je quittai Kiunga pour la dernière fois. Les Papous et les missionnaires vinrent en bord de piste me souhaiter de bonnes vacances, un repos bien mérité, et me témoigner leur reconnaissance. L'oiseau du paradis, le Cessna 185 VH-DJU, plana deux fois au-dessus de Kiunga en plein développement, où j'avais passé six bonnes années. Vue du ciel, Kiunga brillait sous les rayons du soleil, m'apparaissant comme un joyau serti dans un écrin de velours vert. Je savais que je faisais mes adieux à ce paysage et c'est avec des émotions mal définies que je me dirigeai vers Wewak. Je remis les rênes de notre petite aviation missionnaire et humanitaire à André Bouchard, confiant dans son travail. Il avait bon cœur et serait un excellent pilote de brousse.

Avec le recul, j'affirme que ce fut pour moi un privilège d'être appelé à travailler aux côtés de ces dévoués et professionnels missionnaires que sont les Montfortains et les Filles de la Sagesse. Je me souviendrai toujours des événements de ces années de pionniers. J'ai rendu service aux Papous, mais de leur côté ils m'ont beaucoup appris. La sagesse de ce peuple m'a aidé à donner un nouveau sens au mot *civilisation*, aux enseignements de la Bible et aux préceptes de la charité en m'ouvrant d'autres horizons, d'autres manières de penser et de vivre dans la communion. Cette volonté de ne pas juger, mais de voir et de souhaiter du bien à la nature et aux êtres humains. Dès ce jour, je ne pourrais plus être le Guy Gervais de 1960.

Sans aucun doute, la Papouasie-Nouvelle-Guinée a laissé son empreinte sur moi et, bien que je ne le susse pas à ce moment-là, c'était un tremplin pour une autre envolée.

Chapitre 4

En route sur Les Ailes de l'Espérance... vers le Pérou

Après quatre jours de voyage, j'arrivai enfin à Dorval. Toute la famille était là pour recevoir le petit Guy. Ma mère surtout était heureuse; mes frères et sœurs également. Les pères Montfortains, pour leur part, me reçurent chaleureusement. Mon frère Gabriel et sa femme Solange m'accueillirent avec un dîner de bienvenue. C'était le ciel sur la Terre, mais je me sentais un peu perdu... décroché.

Je m'installai chez ma mère qui vivait seule à Saint-Hugues et je me réadaptai tranquillement à la vie du Canada. Je donnais des conférences sur la Papouasie, notamment dans des écoles. C'était merveilleux de voir les yeux des enfants lorsque je racontais mes aventures chez les Papous. Mai arriva et j'aidai mon frère Gustave et sa femme Agathe qui avaient repris la ferme paternelle. Quel bon souvenir! En tracteur, je hersais, je semais, puis je fauchais, pressais et engrangeais la luzerne et les céréales. Au sein de ma famille,

Urgence médicale à San Pablo Leprosorium.

qui me dorlotait, je retrouvais l'appétit et je me sentais entouré d'affection, de tendresse et de reconnaissance.

Après 10 mois de vacances en famille ponctuées de séances de promotion pour les Montfortains, une certaine fébrilité m'envahit: je m'ennuyais de l'aviation. Je voulais voler vers de nouveaux défis et rendre service aux plus isolés. J'avais 36 ans, j'étais encore jeune, alerte et fort. Je ne voulais pas m'asseoir sur mes lauriers et en rester à mon expérience des six dernières années en Papouasie.

À Wewak (Nouvelle-Guinée), la mission avait établi des contacts avec l'organisme humanitaire MIVA des Pays-Bas et Wings of Hope (Les Ailes de l'Espérance) de Saint Louis (Missouri). À l'époque, j'étais en contact avec eux, leur relatant nos activités chez les Papous. Ces organismes nous fournissaient des pneus, des hélices, des pièces d'avion et un moteur de temps à autre. Quelle aubaine! MIVA avait donné deux Cessna 180 à Mgr Léo Arkfeld de Wewak.

Wings of Hope est un organisme humanitaire fondé par des hommes d'affaires œuvrant dans l'aviation commerciale et pour la société Carterpillar. M. Joseph Fabick en était le président et M. William Edwards, le vice-président et trésorier. Un bulletin m'avait informé de l'envoi de leur premier avion, un Cessna 206, dans le désert kenyan, près du lac Turkana. Leur pilote était une sœur missionnaire: *The Flying Nun* (La sœur volante). Avant de recevoir le Cessna (en métal), cette femme exceptionnelle pilotait un Piper Cub. Une nuit, une horde d'hyènes vint dévorer toute la queue de son avion: l'époxy qui permet de coller la toile sur le fuselage attire irrésistiblement ces animaux.

Max Conrad, pilote renommé pour ses vols de longue durée autour du globe, se chargea de piloter le Cessna 206 de Saint Louis à Nairobi, en passant par Rome pour le faire bénir par le pape.

Je connaissais bien l'organisme Wings of Hope. Je tentai donc ma chance en écrivant à M. Edwards afin de lui demander la marche à suivre pour me joindre au groupe. La réponse ne se fit pas attendre. Une simple lettre peut-elle changer toute une vie? Je réponds oui sans hésitation.

C'était le 5 novembre 1966. M. Edwards, qui deviendra mon grand ami et mon mentor, me répondit que les Franciscains canadiens d'Iquitos (Pérou) sur le fleuve Amazone, désiraient monter un service aérien humanitaire. Wings of Hope leur donnait un Cessna 206 sur flotteurs, mais ils avaient grand besoin d'un pilote de brousse.

«*Padre* Guy, vous me contactez au bon moment», écrivait M. Edwards. C'était la première des maintes fois qu'il dirait cette phrase pour moi mémorable au fil des années.

Quelques semaines plus tard, Wings of Hope me fit venir à Saint Louis pour une entrevue. Jamais je n'oublierai cette journée. Bill Edwards et moi avons passé six heures au restaurant *Uncle Bill Pancake House*, au cours desquelles il me mit au courant de toutes les données concernant la future opération péruvienne. Depuis ce temps, je l'appelle oncle Bill.

Peu après mon entrée au sein de Wings of Hope, je dus suivre des cours de mise à niveau de mes compétences. Je suivis le cours complet de vol aux instruments, puis j'obtins ma licence FAA de mécanicien de fuselage et moteur. Heureusement, mes cinq ans d'entraînement auprès d'Ivo Ruiter à Wewak furent reconnus sans autre formalité. La vie est souvent généreuse avec moi.

Le supérieur montfortain, Jean-Paul Richard, et le procureur des Franciscains, le père Jacques Leclerc, m'accordèrent une dérogation pour me permettre de me joindre à Wings of Hope durant six ans afin d'assurer un service aérien missionnaire et humanitaire en Amazonie péruvienne.

Wings of Hope est un organisme qui travaille avec sérieux et professionnalisme; j'ai adoré mon expérience en son sein. Le Cessna 206 sur flotteurs qui irait au Pérou devait être prêt en décembre 1967, au hangar Wipaire de Saint Paul (Minnesota). Quel bijou! Bien équipé aussi côté communication avec radio VHF (Very High Frequency) et HF (High Frequency) pour les longues distances.

DÉPART SUR GLACE DE WIPAIRE
POUR L'AMAZONE

Le 11 décembre 1967, je décollai avec le Cessna 206 sur flotteurs, glissant sur une baie gelée près de la source du Mississippi; je suivis le fleuve pour amerrir près de la célèbre arche de saint Louis sur une partie du Mississippi non gelé.

Je garde en mémoire – et dans mon album – les photos des fondateurs de Wings of Hope à l'occasion de la bénédiction de l'avion par le père McKee et du baptême de l'appareil avec la symbolique bouteille de champagne. Le Dr John Versnel, Joseph Fabick de Carterpillar, Paul Rogers d'Ozark Airlines, George Haddaway éditeur de *Flight Magazine*, William Edwards et d'autres généreux mécènes de Wings of Hope étaient là aussi. Ce fut un jour historique et inoubliable.

Le lendemain matin, Bill Edwards me remit les documents officiels des douanes pour conduire le Cessna de Saint Louis à Iquitos (Pérou). L'organisation était impeccable.

Habituellement, un avion amphibie est équipé de flotteurs fixes et d'un train d'atterrissage sur roues; on utilise l'un ou l'autre selon le type d'atterrissage: sur l'eau ou la terre. Le voyage ne s'annonçait pas de tout repos. Je pilotais un avion équipé seulement de flotteurs, je ne pouvais donc que me poser sur l'eau. Préparer le plan de vol, faire le plein, attacher l'avion pour la nuit ne sont pas non plus une sinécure. On doit s'attendre à quelques contretemps mineurs. Rien n'est vraiment facile sur cette Terre, il faut lutter sans cesse, mais je n'imaginais certes pas une aventure aussi chaotique que celle qui m'attendait.

Wings of Hope avait prévu deux fûts de 50 gallons d'avgas à installer dans la cabine du Cessna à la base navale de La Nouvelle-Orléans. Chaque fût devait être relié au réservoir situé dans l'aile droite par une pompe électrique. Cet arrangement était supposé m'assurer une autonomie de 16 h.

Le vol de Saint Louis (Missouri) à La Nouvelle-Orléans (Louisiane) prendrait neuf heures. Un avion sur flotteurs est plus lent que l'avion conventionnel sur roues. Alors, je mis huit jerricans d'avgaz dans les flotteurs, puis je chargeai mes effets personnels, un coffre à outils, un alternateur, un démarreur, des bougies, des courroies, des vis, des boulons et d'autres pièces de secours pertinentes, puis je pris mon envol sur le Mississippi.

La navigation ne posait pas de problème, suivant simplement le lit du fleuve. Après cinq heures de vol, j'aperçus un lac isolé et j'amerris. Seul sur le lac, je procédai au transfert du contenu des jerricans des flotteurs dans les ailes: une heure de boulot. Je mangeai mes sandwichs et bus le café de mon thermos, puis redécollai vers La Nouvelle-Orléans.

Averti de mon arrivée, Al Brubeck me rejoignit au quai du lac Pontchartrain vers 17 h. L'organisation était parfaite. Un tracteur glissa un élévateur sous les flotteurs, un système hydraulique souleva l'avion, et voilà, il fut transporté dans le grand hangar.

Il fallut trois jours de travail à un technicien pour installer les deux fûts d'avgaz dans la cabine, relier la pompe électrique de 12 volts à la batterie de l'avion et placer un système de secours sur des batteries sèches de 12 volts. Je l'y aidai tout en apprenant les rudiments de l'installation et du raccordement de tubes. Les fûts étaient bien amarrés au plancher avec des câbles d'acier, sur des supports de bois.

— Pas de défaillance avec ce système, me garantit Alfred le mécanicien. J'en ai installé plusieurs depuis cinq ans et aucun problème n'a été enregistré.

AMERRISSAGE FORCÉ DANS LE GOLFE DU MEXIQUE

Le 19 décembre 1967, à 7 h, muni de toutes mes cartes de navigation, d'un plan de vol direct au-dessus du golfe du Mexique vers Belize (anciennement Honduras britannique) et avec 16 h d'autonomie, je glissais sur le calme lac Pontchartrain. Le décollage fut laborieux: 150 kilos de surcharge et surtout pas de vent ni de vagues. J'inclinai l'avion d'avant en arrière. L'indicateur de température des cylindres du moteur resta bloqué au rouge. J'inclinai l'avion sur le flotteur gauche, puis à droite. Enfin, je sentis que les flotteurs quittaient l'eau et m'envolai... Ouf! À 2 590 m au-dessus du golfe du Mexique, la vue était superbe, le soleil brillait, un grand sentiment de liberté m'animait. Ma journée de vol s'annonçait sous de bons augures.

Après trois heures de vol, l'indicateur du réservoir de l'aile droite m'avertit que celui-ci était vide. Commença alors le transvasage crucial de l'avgaz. Je devais garder une réserve de trois heures dans le réservoir de l'aile gauche. Je mis donc le contact pour enclencher la pompe électrique installée pour les deux fûts. Je tendis l'oreille... pas de ronronnement. La pompe ne se déclenchait pas. Un long frisson me traversa de la tête aux pieds.

Ce n'était pas possible, j'avais testé la pompe juste avant le décollage. Je réfléchissais à toute vapeur. Aujourd'hui, je sais que j'aurais dû effectuer un demi-tour à 180° et rentrer *illico presto* à La Nouvelle-Orléans, mais je me disais: «Ne lâche pas, Guy, patience, cherche encore d'où vient le problème!»

J'avais une telle confiance dans ce nouveau système de ravitaillement en avgaz que je continuai à voler toujours vers le Sud. Je relus ma liste de contrôle, examinai les fusibles, les fils électriques et les interrupteurs. Même si ma réserve d'essence diminuait, j'espérais toujours trouver le problème, qu'il s'agisse de la batterie de l'avion ou des batteries sèches, mais la pompe rebelle demeurait silencieuse. Une heure passa. Adieu, Belize et La Nouvelle-Orléans.

«Mon cher Guy, il va falloir te mouiller pour la mission», me disais-je. Quelle mauvaise décision avais-je prise!

PLONGÉE DANS LE GOLFE DU MEXIQUE

Je tentai de joindre une station de secours par radio HF, mais je ne captai que des crépitements. «Cherche un bateau... Que fais-tu de ta vie, Guy? Quelle affaire! Quel fiasco! Il faut que je m'en sorte.» Mes pensées se bousculaient.

Tout à coup, j'aperçus un point à ma droite, un bateau! Petit? Grand? Trente longues minutes plus tard, je survolais enfin un cargo transocéanique. Je descendis à 150 m tous feux d'atterrissage allumés, en transmettant sur la fréquence d'urgence 121,5: «*S.O.S. Mayday-Mayday.*» J'étudiai la surface de l'eau pour me préparer à amerrir dans le golfe du Mexique.

Sur un lac, les vagues sont courtes et frappent les flotteurs comme un marteau mais, dans le golfe, les vagues peuvent être très larges et hautes de 5 m. C'est ce qu'on appelle une forte houle. Me dirigeant en parallèle aux vagues, la voie que je m'étais choisie me parut aussi cabossée qu'une piste de brousse. Je m'alignai puis décidai de me poser. Splash! Plush! Plush! Je flottais comme une mouette à 100 m de l'immense bateau immobilisé.

«C'est bon, me dis-je. Je n'aurai pas besoin de ma veste de survie ou du petit canot pneumatique que j'avais préparé.»

L'hélice tournait toujours et les flotteurs avaient supporté mon amerrissage de kangourou. Je m'avançai vers le bateau. «Bremen Germany», pouvais-je lire sur sa coque. Bonne nouvelle! Tout ira bien maintenant. Arrivé à la perpen-diculaire au bateau, je coupai le moteur et sortis de la cabine de pilotage pour marcher sur les flotteurs. Des marins me regardaient d'en haut, surpris, riant peut-être... On me lança une corde, que, à ma grande surprise, j'attrapai.

«J'ai sûrement affaire à des professionnels», pensais-je.

— Qui êtes-vous? Où allez-vous? me cria le capitaine.

—Je m'appelle *padre* Guy. Cet avion appartient aux Franciscains sur l'Amazone. Je suis en route vers le Pérou», lui répondis-je.

— Nous pouvons hisser l'avion à bord du bateau si vous le désirez, mais j'en deviens le propriétaire, me lança-t-il en blaguant.

—Je vous le donne, je n'ai pas beaucoup de choix, répondis-je d'une voix misérable.

Deux marins descendirent par une échelle de corde pen-dant que je tirais de toutes mes forces pour garder le nez de l'avion à la parallèle du bateau. Ce bateau était immense: les hommes descendaient de 25 m au-dessus de ma tête.

«Quelle performance, ai-je songé. Très brillant, p'tit Guy! Tu es maintenant dans une situation précaire. Quelle misère tout de même!»

Ma grande crainte était de tomber à l'eau et d'être attaqué par les requins. Le tangage du grand bateau était important et le bout des flotteurs heurtait souvent la coque à moins de 15 cm de l'hélice. Mon équilibre était aussi aléatoire que si j'avais dansé le rock'n'roll. Mes sauveteurs organisèrent un genre de panier pour ceinturer le fuselage. Du bateau descendit un levier muni d'un crochet qui vint attraper le nœud de la ceinture au-dessus des ailes du Cessna 206, puis commença l'élévation au-dessus de l'eau.

— *Padre* Guy, ne restez pas sur les flotteurs. Montez par l'échelle de corde. C'est plus sécuritaire», m'avisa un des marins.

Hors d'haleine, avec des douleurs dans les bras et les jambes dues à la peur et à l'épuisement, je mis pied sur le pont. Simultanément, dans son panier de corde, le Cessna 206 atterrit doucement au même instant sur le pont.

—Jeune homme, bienvenue à bord de mon bateau, me dit le capitaine en me serrant la main. L'important est que vous êtes sain et sauf. Toutes mes félicitations, vous avez fait un amerrissage acrobatique sur cette mer très houleuse. Ne vous inquiétez pas, je vais prendre grand soin de l'avion des missionnaires.

— Grand merci, capitaine, répondis-je, essayant de sourire.

Je grimpai à bord de l'avion pour prendre mon passeport et les papiers (documentation) de l'appareil et les lui remettre. Le capitaine se montra satisfait de mon initiative.

«Ne craignez rien, *padre* Guy. Vous pouvez vous détendre maintenant. Venez prendre un cognac et un bon souper. Par radio, nous allons avertir les autorités maritimes des États-Unis et Wings of Hope que nous viendrons déposer votre avion à La Nouvelle-Orléans après avoir déchargé notre cargaison à Tampico, au Mexique.

Les premières émotions passées, je songeai que j'avais fait de mon mieux, que j'étais vivant et que l'avion était sauvé. Difficulté temporaire seulement. À ma surprise, je dormis comme un moine... À son arrivée à Tampico, le *Bremen* commença à décharger des automobiles Volkswagen et des Mercedes. Le capitaine m'appela dans sa cabine. «Des bonnes nouvelles», me dis-je.

— Wings of Hope vient de contacter notre agent à La Nouvelle-Orléans. Les dirigeants de l'organisation suggèrent que vous preniez un vol commercial pour rentrer. Nous devrions arriver le 4 janvier en Louisiane pour livrer gratuitement votre bel oiseau. *Merry Christmas.* Joyeux Noël.

Quel gentilhomme! Il me remit mon passeport, mes papiers et mon argent. J'eus un dernier regard sur l'avion reposant sur ses flotteurs sur le pont avant du *Bremen* avant de gagner l'aéroport de Tampico. C'est par la Eastern Airlines que je rentrai à La Nouvelle-Orléans pour y attendre le *Bremen*. On était le 25 décembre 1967.

Une autre surprise m'attendait. De Saint Louis, Wings of Hope avait alerté les médias au sujet de ma mésaventure. Finalement, le 6 janvier 1968 à 11 h, dans le port de Nouvelle-Orléans, je grimpai à bord du *Bremen* pour remercier le capitaine et là, ô surprise! je tombai sur des journalistes et des cameramen de télévision. J'en garde des images du capitaine, de l'hydravion sur le pont et de son fameux panier en corde fixé au fuselage. Finalement, je parvins à m'éclipser en me hissant sur les flotteurs, pendant qu'un levier hydraulique levait l'appareil comme un jouet pour nous déposer sur le Mississippi. Avec une rame, je m'éloignai du

Bremen, saluant les membres d'équipage, puis je décollai pour la base du lac Pontchartrain, où le système avgaz serait inspecté. Je fis aussi un rapport à la FAA et à la compagnie d'assurances.

Durant ces vacances forcées, les stations d'informations préparèrent leurs histoires. Voici un extrait des aventures du *padre* Guy aux nouvelles du soir. Le logo de Wings of Hope lança le reportage, qui s'articula comme suit:

«Un Cessna 206 sur flotteurs en partance de La Nouvelle-Orléans pour l'Amérique du Sud, plus exactement pour Iquitos (Pérou) sur l'Amazone, a effectué un amerrissage forcé dans le golfe du Mexique. Le pilote, *padre* Guy Gervais, et l'avion ont été rescapés par un navire allemand.»

Suivaient une entrevue du capitaine du bateau puis des images de l'avion déplacé, soulevé du pont, déposé sur le fleuve et mon décollage. Pour ma part, j'expliquais ce qu'était l'organisation humanitaire Wings of Hope, ses objectifs missionnaires, caritatifs et interconfessionnels.

Cette belle publicité gratuite trouva écho aux États-Unis, au Canada et en Europe. En guise de conclusion, le lecteur de nouvelles s'enflammait:

«La fraternité est à son apogée en ces années 1960. Vous vous souvenez sans doute que, durant la Deuxième Guerre mondiale, de 1939 à 1945, des bateaux américains ont sauvé des centaines de pilotes allemands sautant en parachute en pleine mer après que leurs chasseurs ont été mitraillés. Ce soir, vous avez vu et entendu la sincérité du capitaine qui a sauvé la vie d'un pilote américain et de son avion. Quelle noblesse de cœur! La fraternité étend ses ailes de l'espérance.»

Cette promotion inattendue aida Wings of Hope à trouver les fonds nécessaires pour l'achat d'un autre avion pour une autre mission. Je me rendis compte que cet incident confirmait l'adage: *Il est bon qu'un seul souffre pour le bien de tous.*

De toute façon, un jour prochain, je me rendrais à Iquitos. Heureusement, une aide inespérée nous arriva: Bob Iba téléphona à Wings of Hope et offrit ses services. Il était convoyeur. Il conduisait régulièrement de petits avions de Miami vers Londres ou l'Afrique, survolant l'Atlantique. Bob accepta de m'accompagner sans rémunération à Iquitos.

BOB IBA ET *PADRE* GUY S'ENVOLENT ENFIN VERS IQUITOS

Bob Iba installa lui-même son système de double pompe de ravitaillement en avgaz. Ce gaillard de 50 ans et de 118 kg avait un grand sens de l'humour et respirait la joie de vivre.

— Mon cher Guy, me dit-il, ton avion sur flotteurs arrivera à Iquitos dans quelques heures. Je vais te donner un bon entraînement.

Le 28 janvier 1968, nous décollâmes de La Nouvelle-Orléans, les pompes électriques de Bob Iba ronronnant comme des chatons. À Belize, Bob me laissa faire le plein d'essence. Monté sur les ailes, j'étais ballotté comme une mouette.

— Ce qu'un autre peut faire, je ne m'en mêle pas. Il faut être jeune pour monter sur les ailes, me lança-t-il. Je préfère les vagues. C'est plus facile au décollage. Ne t'inquiète pas des coups de marteau sur les flotteurs. Ce n'est que de l'eau.

Près de Panama, nous rencontrâmes de mauvaises conditions météo. À 3 960 m, nous guidant aux instruments, nous avons reçu la permission de la tour de Tocumen pour une approche malgré les nuages et la pluie. Quand je tentai d'expliquer au responsable du contrôle aérien que je n'avais pas de roues, il s'énerva.

— Vous avez perdu vos roues? s'effraya-t-il, déclarant un état d'urgence.

— C'est bien, Guy, me rassura Bob Iba. N'aie crainte, je connais la région de Panama comme le creux de ma main.

Nous survolâmes la maison du gouverneur à 60 m d'altitude, puis, malgré la pluie, nous passâmes au-dessus du canal de Panama entre les vaisseaux transocéaniques.

Ce genre d'entraînement m'effrayait. La dose d'adrénaline était trop forte.

— Bob, on va se tuer. Que va penser la FAA de nos acrobaties? m'inquiétai-je.

— Compte sur moi, nous allons vers une base militaire, celle-là même où je pilotai des Catalina durant la dernière guerre, me rassura-t-il.

En amerrissant près de la base militaire américaine, nous fûmes reçus à la mitraillette par les MP (police militaire).

— Du calme, soldats, lança Bob Iba. Voici *padre* Guy et son avion. Pouvons-nous passer la nuit ici et acheter quatre fûts de avgaz pour nos réservoirs?

— Impossible, rétorqua l'officier militaire. Vous devez partir tout de suite ou passer la nuit en prison.

La courte discussion attira l'attention du commandant de la base, qui se révéla être un ancien pilote et grand ami de Bob Iba. On nous procura sans hésiter une chambre, de la bière (sevré depuis le départ, Bob semblait à sec) et on nous servit un bon souper. Toujours en quête de fonds, mais bon agent de promotion, je me mis à parler de Wings of

Hope: tous furent impressionnés par la mission de cette organisation.

À 3 h du matin, un soldat nous réveilla et nous dit que nos quatre fûts de avgaz se trouvaient près de l'avion, courtoisie de l'armée américaine. Il ajouta qu'un avion volant à basse altitude la veille en soirée avait jeté un vent de panique en ville. La crainte de bombardements étant omniprésente, nous devions plier bagage rapidement.

— Partez avant le lever du soleil, nous souffla-t-il. Nous ne dirons jamais que vous avez atterri ici. Mieux, vous n'existez même pas! Volez en altitude. *Feliz viaje.* Bon voyage!

Nous voilà donc dans les airs au lever du soleil, barbus et hirsutes mais en route pour Buenaventura (Colombie). Làbas on nous fit un accueil chaleureux. Nous laissâmes l'avion sur flotteurs attaché à l'ancre dans une baie pour y revenir avec des fûts d'avgaz vers 16 h. C'était marée basse et notre bel oiseau se retrouva dans la boue.

Je n'ai jamais travaillé aussi fort que ce jour-là, alors que, dans la boue jusqu'aux genoux, je dus rouler les fûts. Bob Iba n'était pas en forme pour effectuer ce genre de travail, et il fut vite essoufflé et fatigué.

— Ah Guy, je pense que je suis un vieillard, soupira-t-il.

— Pas de problème, Bob, lui dis-je. Garde ton cerveau en alerte pour naviguer jusqu'à Iquitos.

En fait, Bob fut très vigilant le jour suivant. Il le devait car nous devions effectuer un vol de 14 h sans escale. Nous passâmes au-dessus de Cali puis, à 4 876 m au-dessus des Andes en volant aux instruments et sans ravitaillement en oxygène. Puis ce furent Rio Magdelena, Florencia et finalement le bassin de l'Amazonie avec Santa Clotilde et Iquitos.

Au coucher du soleil le 28 janvier 1968, nous amerrissions sur le fleuve Amazone à Punchana, devant la mission franciscaine. Le frère Michel Dion nous y reçut.

Enfin le nouveau *Spirit of Saint Louis*, cet avion tant désiré depuis des mois, arrivait en un seul morceau grâce à la protection de saint François d'Assise. En dépit des longues heures de vol, je me sentais très bien et rempli d'enthousiasme. C'est une sensation merveilleuse que de pouvoir clamer: «Mission accomplie!»

Je remerciai Bob Iba à l'aéroport d'Iquitos. Il retournait à Miami. Je me souviendrai toujours de ce vol par Belize, Panama et au-dessus des Andes. Il est vraiment spécial, le chemin de Bob Iba.

«Surveille bien ton poids et surtout tes pompes électriques», lui lançai-je en boutade.

Le lendemain matin, Mgr Damase Laberge, les frères Octave, Vivalde, Michel et sœur Marie-Ange se rendirent en délégation sur les berges de l'Amazone pour voir l'avion de la mission qui les libérerait, eux et les indiens péruviens, de leur isolement: leur vie dans l'enfer vert de l'Amazonie s'en trouverait changée à jamais.

PILOTAGE EN AMAZONIE

Les capacités de déplacement que nous permettait l'hydravion étaient presque incroyables. D'Iquitos, un trajet vers la léproserie de San Pablo demandait trois jours de bateau, mais deux heures à peine en avion; vers Santa Clotilde, trois jours de bateau sur le Napo étaient nécessaires mais 1 h 15 min seulement en avion. Les cinq jours par bateau pour Caballo

Cocha étaient remplacés par 2 h 30 min de vol. Le plus impressionnant était la possibilité de relier Iquitos à Estrecho sur le fleuve Putumayo en 1 h 15 min au lieu des 17 jours de bateau.

Un service fut planifié pour ces localités isolées afin de transporter médecins, infirmières, professeurs, courrier, médicaments et autres menus articles. La priorité de Wings of Hope n'en demeurait pas moins les urgences médicales. L'Amazone jouissait désormais de son service ambulancier volant et gratuit.

On estimait que le taux de mortalité infantile jusqu'à 6 ans se chiffrait à 85 % à cette période, mais que ce taux pouvait être coupé de 70 % grâce à l'avion, qui assurerait le transport des femmes enceintes vers les dispensaires.

Après avoir préparé l'avion pour le service, l'armée péruvienne offrit aux Franciscains sa base sur la rivière Nanay, où le courant est presque nul et la sécurité garantie. C'était une excellente idée, mais je ne pouvais étouffer mon émerveillement pour le puissant fleuve Amazone.

À Iquitos, l'Amazone, non loin de ses deux grandes sources, les fleuves Ucayali et Maranon, est une immensité d'eau de couleur chocolat de 3,22 km de large en certains endroits, descendant à 16 km/h vers l'est pour un voyage de 3 862 km vers Belem au Brésil, puis dans l'océan Atlantique. Le Nanay offrait donc une bien meilleure base pour l'hydravion.

Les jours suivants, le frère Michel et moi rencontrâmes le commandant des forces aériennes pour l'informer de l'arrivée de l'avion de la mission et lui demander la permission de voler même si les papiers officiels n'étaient pas encore arrivés de Lima. L'enregistrement américain serait changé, désormais l'avion porterait le numéro OB-M-926. Au Pérou, la signature d'un évêque a plus de poids que celle de bien des ministres de mon pays. La raison en est simple: la stabilité de la fonction et la parole respectée. Grâce à cette signature, nous revînmes tout heureux avec à la main notre permis temporaire, valide pour deux mois.

Mon premier vol m'emporta vers Estrecho, sur le Putumayo. Les infirmières n'avaient plus de médicaments; le père Berthol n'avait plus de farine, plus de vin. Il était dépourvu de presque tout et tous attendaient l'arrivée d'un bateau qui était en panne. Un vol d'une heure remplaçait un périple de trois semaines par bateau parmi les moustiques.

Cette semaine-là, j'assurai trois urgences médicales: à 320 km sur le Ucayali, j'emportai un homme brûlé gravement par des éclaboussures de gazoline alors qu'il remplissait le réservoir de son moteur hors-bord encore chaud; puis ce fut le transport d'une femme enceinte qui avait trop dansé un samedi soir et qui risquait de perdre son bébé; finalement, j'emmenai un jeune homme souffrant de tétanos. Tous trois furent sauvés par ma magique ambulance volante.

D'autres vols médicaux eurent lieu pour secourir une femme qui était tombée d'un arbre en cueillant des noix, se brisant ainsi le cou; une jeune fille en convulsions à cause du tétanos; un jeune homme mordu par un serpent venimeux. Tous reçurent à temps les soins requis. Wings of Hope sauvait des vies grâce à l'avion et à la radiocommunication.

Mes missions de vol n'étaient pas toujours médicales. Ainsi, je transportai un inspecteur d'école du ministère de l'Éducation dans huit villages différents où les écoles n'avaient jamais reçu la visite d'un responsable ou des livres suffisants pour les élèves. Un mois plus tard, j'eus des tonnes de livres à distribuer aux écoles de brousse, qui fonctionnaient maintenant cinq jours par semaine. La connaissance progressait...

DENTISTE *EMERITUS*

Au Pérou, comme en Papouasie, l'un des grands problèmes de santé est la douloureuse dent cariée. Le docteur Versnel de Saint Louis m'avait monté une trousse de dentiste très moderne après un stage de deux jours dans sa clinique. Il me donna des conseils sur l'anesthésie et l'extraction par rotation. Plus tard, je lui envoyai une lettre de remerciement qu'il fit publier dans le journal interne de Wings of Hope.

«J'ai des bonnes nouvelles pour vous, écrivis-je. Hier, j'ai fait ma première chirurgie buccale depuis mon arrivée. Il y avait 14 patients et 3 heures de travail à Estrecho. J'utilise le xylocaïne-épinéphrine que vous m'avez donné et les forceps trois points. Ce sont des chefs-d'œuvre pour les molaires. Avec succès, je mets en pratique votre conseil: *rolling in the socket*, rotation. Plusieurs de ces patients n'ont pas dormi depuis des semaines, mais hier je les ai soulagés de leurs souffrances. Les grandes personnes s'assoient sur une chaise droite et les enfants sur une table. Merci de votre aide.»

L'action du dentiste volant fit vite le tour de l'Amazonie. Rendez-vous par RADIO HF-SSB, s'il vous plaît!

«Ici sœur Thérèse de Santa Clotilde. Pourriez-vous demander au *padre* Guy s'il peut rester deux ou trois heures lors de son prochain vol pour extraire des dents? J'ai beaucoup de patients qui viendront. Guy pourra passer la nuit ici si nécessaire.»

Je considère comme une bénédiction d'avoir toujours quelque chose à faire. Avec raison, Félix Leclerc chantait: «Le meilleur moyen de tuer quelqu'un, c'est de le tenir à rien faire...»

Quelques-uns de mes vols furent assez cocasses. Je n'avais pas besoin d'aller au théâtre pour me divertir. Je me rappelle d'une visite dans un village sur la frontière colombienne pour transporter une victime de la fièvre typhoïde vers l'hôpital d'Iquitos: 2 h 45 min. Un médecin m'accompagnait. Le patient tremblant de fièvre attendait notre arrivée sur la grève avec sa femme, un bébé et trois autres enfants en plus de nombreux sacs et boîtes.

J'étudiais la scène, essayant d'imaginer comment embarquer tout cela dans l'avion. Un des plus importants principes de la sécurité aérienne est de bien équilibrer le poids. On ne charge pas plus que les recommandations du manufacturier et le chargement doit être équilibré sur son axe de gravité. Dans la brousse, me guidant par les rives d'un fleuve, seuls mes mains et mes yeux sont mon ordinateur de bord. Pendant que je chargeais, le Dr Carlos arriva tout à coup avec des bananes, des papayes et six poules qu'un Witoto tenait par les pattes.

En analysant la situation, je dis au docteur:

— L'avion vient ici d'abord pour les passagers.

— Mais non, dit-il. J'ai sauvé la vie de ce malade et les villageois me donnent ces cadeaux. Comment les refuser? Ce serait une insulte.

Le docteur grimpa vite à ma droite et se fit passer les poules rouges, qui se débattaient à remplir l'avion de plumes...

Enfin, je dirigeai le patient, sa femme et les enfants, qu'ils prirent sur leurs genoux, et *feliz viaje*!

Nous leur avions apporté de l'espoir. Après le décollage, je souris au patient tout en caressant les enfants.

— Mille mercis, *padre*. En venant me chercher, vous m'avez sauvé la vie, me dit-il.

Quelques jours plus tard, en passant devant l'hôpital en camionnette, je m'arrêtai pour le saluer. Il se portait mieux. Quelle satisfaction du travail accompli! Des liens se créaient...

Piloter un hydravion en Amazonie était un charme. Je me sentais comme un Superman de chair et d'os pouvant m'arrêter à chaque village situé sur le long de l'Amazone et de ses nombreux affluents, sans oublier les nombreux lacs et lagunes qui n'avaient peut-être jamais connu de présence humaine. Les oiseaux s'approchaient, les dauphins sautaient de joie par deux ou par quatre pour m'impressionner. Les flotteurs sous l'eau leur donnaient peut-être l'illusion de voir certains de leurs congénères.

Je pilotais vêtu d'un short et d'une chemise, mais pieds nus. La boue était mon lot de pilote lorsque je touchais la berge. Il fallait descendre vite pour attacher les câbles, sinon le courant de 14 km/h entraînait l'avion dans les branches. Pour les voyageurs, c'en était fini des beaux souliers blancs bien cirés...

Mgr Laberge fit l'expérience de la boue à l'occasion de sa première visite pastorale en avion. En essayant de marcher sur des rondins de fortune, il tomba à genoux dans l'eau et la boue. De retour à l'évêché, il débloqua l'argent nécessaire pour faire construire une plateforme de balsa soutenue par des fûts vides. Désormais, l'hydravion pouvait s'arrêter à 7 m de la berge: les passagers et le pilote débarquaient alors sur un quai de bois, proprement.

Le frère Octave Dorion m'aida à organiser un réseau de radiocommunication FH-SSB pour relier chaque poste de mission de l'Amazonie et Lima, nous permettant aussi une conversation hebdomadaire radio-téléphone avec le siège social de Wings of Hope à Saint Louis. Mon apprentissage suivi à Teccart me servait, car une absence de communication est souvent aussi désastreuse qu'un manque de transport.

Le projet conjoint Wings of Hope/Franciscains me permettait de réaliser 90 à 100 h de vol par mois. À l'aller comme au retour, l'avion ne désemplissait pas. Frère Michel alimentait régulièrement un dépôt de fret destiné à l'un ou l'autre poste des missionnaires. J'embarquais le poids convenu. Au retour, cependant, la priorité allait aux malades; je prenais aussi du café ou des passagers. Cette ligne aérienne humanitaire avait une efficacité optimale.

Au début de 1970, je dus convoyer M. Loren McIntyre, un écrivain et photographe du *National Geographic*, d'Iquitos à San Pablo de Loreto. Il voulait visiter la léproserie; j'en profitai pour emporter des médicaments pour les six sœurs hospitalières canadiennes qui s'occupaient des lépreux. Dans le numéro d'octobre 1972 du magazine, McIntyre relate son voyage en hydravion en ma compagnie dans un article sur l'Amazone.

Pour rendre service aux gens isolés, je passais parfois la nuit dans un poste afin d'aider une sœur infirmière dans la délicate tâche de l'extraction des dents cariées sans douleur et avec rotation. Ces séances de chirurgie buccale duraient souvent tard dans la nuit. Une lampe au naphta m'éclairait. À cette époque, j'avais encore des yeux de lynx, les reins solides et un moral d'acier. Je délivrais les Indiens witotos de leurs malaises en quelques minutes. Quelle satisfaction!

Je n'ose pas affirmer que la Providence m'a protégé ou que mes connaissances et la stérilisation de mes mains et des instruments au listerine m'ont évité d'être infecté ou d'infecter mes patients, mais aucun incident ne me fut rapporté et j'ai toujours réussi à extraire les dents avec leurs racines et ce durant 20 ans de pratique (de 1960 à 1980). Dentiste non diplômé mais *Emeritus*.

Une récente radiographie de mes propres dents a révélé la présence de quatre racines laissées dans mes gencives par un dentiste-forgeron lorsque j'avais 15 ans...

La bonne nouvelle de notre action humanitaire se répandit comme une traînée de poudre. Les Franciscains de Satipo au pied des Andes et les Dominicains de Puerto Maldonado se renseignèrent afin d'obtenir de l'aide pour leurs populations isolées. J'acheminai leurs demandes à Wings of Hope à Saint Louis.

«Vous écrivez au bon moment, *padre* Guy. Un groupe de Nashville (Tennessee) dirigé par Bruce Salzman désire s'engager dans l'action caritative et peut donner un Cessna 206 sur roues, me répondit oncle Bill Edwards. Si vous pouvez vous libérer deux semaines, venez à Saint Louis et vous pourrez prendre les commandes d'un nouvel appareil pour les missionnaires.»

L'organisme Wings of Hope fonctionnait à plein régime. Je me rendis donc à Nashville pour participer à un souper de gens d'affaires. M. Salzman présenta l'homme de la jungle, *padre* Guy, et annonça le départ du Cessna 206 sous les flashs de reporters de la radio, des journaux et de la télévision.

Ce Cessna 206 appartenait à un millionnaire que sa santé empêchait dorénavant de piloter. Don déductible d'impôt. Je fis une brève inspection de l'appareil: 640 h au tachymètre. Il était neuf. Pendant que les responsables de Wings of Hope s'occupaient du transfert de propriété et du permis de vol vers Iquitos, j'installai 2 fûts de 50 gallons et les fameuses pompes électriques. Puis, en présence des médias, je décollai enfin vers l'Amérique du Sud. Le vol de livraison se fit sans incident, grand merci à Bob Iba pour l'entraînement reçu: il hantait mon esprit... Un pilote nommé Robert Weninger, avec 1 200 h de vol à son actif et chauffeur de camion Peterbilt à ses heures, arriva une semaine plus tard à Iquitos. Ensemble, nous allions inaugurer le service humanitaire aérien à Satipo aux côtés du père franciscain Mariano Gagnon.

Bob Weninger est ce pilote qui, à bord d'un avion de Wings of Hope (Nashville), trouva la carlingue d'un Electra de la ligne aérienne péruvienne Lansa qui s'était écrasé le 24 décembre 1971 dans la jungle, près de Pucalpa. La tragédie tua 92 personnes dont 52 résidents de Pucalpa et seule une jeune Allemande de 17 ans survécut. Le drame eut lieu pendant un orage; un éclair aurait frappé l'Electra. Ce n'est que le 4 janvier 1972 qu'un reflet du soleil sur l'aluminium de la carlingue attira Weninger, qui survolait cette jungle. Il prévint la tour de contrôle de Pucalpa, qui envoya une équipe de secours en se basant sur ses coordonnées. En chemin, ils rencontrèrent la jeune fille, qui, raconta-t-elle, avait repris conscience alors qu'elle était assise et attachée sur son siège d'avion. Non blessée, elle décida de suivre un ruisseau qui lui donnait de l'eau et elle mastiquait des racines pour se nourrir. Ses parents, des botanistes, étudiaient la flore amazonienne à Pucalpa. Grâce aux connaissances qu'ils lui avaient transmises, elle avait pu se nourrir et survivre.

Les corps des 52 résidents de Pucalpa furent déposés dans des niches d'un petit sanctuaire où les familles peuvent venir se recueillir et déposer des fleurs. Le mausolée est surmonté d'une carte géographique illustrant l'emplacement de Pucalpa et celui de l'écrasement: Tourna Vista. Une paire d'ailes dorées arbore ce cartouche: *ALAS DE ESPERANZA* (Wings of Hope en espagnol).

Au mois de mai 1972, je battis mon propre record: 123,5 h de vol en un mois, tout cela sans compter l'entretien des deux avions. Normalement, je pilotais l'hydravion d'Iquitos OB-M-926; mais j'appris un jour par radio de la bouche des Franciscains de Satipo que le pilote Bob Weninger était tombé amoureux d'une Brésilienne et qu'il avait quitté la mission, laissant le Cessna 206 OB-M-934 à Satipo. La seule solution fut d'alterner les semaines de vol, ce qui n'était pas facile. Une semaine à Satipo et une autre à Iquitos pour satisfaire les besoins des deux missions, situées à plusieurs kilomètres l'une de l'autre.

Cette situation difficile incita Eddy Schertz, un pilote et mécanicien qui venait d'obtenir son diplôme de la Southern Illinois University, à venir prendre le service d'Iquitos. Eddy et Irène, sa femme, arrivèrent en août 1972. Après une semaine d'entraînement sur l'hydravion, Eddy prit en charge les opérations pour les Franciscains d'Iquitos. Eddy et Irène, de religion mennonite, furent aimés des missionnaires et gagnèrent le respect de tous par leur grande charité et leur compétence dans le travail.

Quelques jours plus tard, je transportai mes pénates à Satipo, quittant Iquitos avec le Cessna 206 sur roues. Je devais y demeurer jusqu'en avril 1973. Le service humanitaire de Satipo desservait les missions des Franciscains et des

101

Dominicains; le territoire à couvrir était immense. À 915 m d'altitude, le climat était plus frais et meilleur pour la santé. La terre était riche et produisait une quantité et une variété de fruits et légumes inimaginables; en plus du café, du thé, de la coca et du cacao, un vrai paradis pour les fermiers (*campesinos*).

Le service d'aviation humanitaire assurait une liaison vers 12 pistes de brousse et des régions très peuplées. On pouvait desservir les paysans des montagnes à 1 220 m; puis les gens isolés de la grande jungle jusqu'à Puerto Maldonado, près de la frontière entre le Brésil et la Bolivie. Près du fleuve Manu, se trouve un parc de renommée internationale, le paradis des ornithologues. Je me rappelle certains noms de points d'atterrissage comme Timpia, Sepahua, Atalaya, Cutivereni, etc.

Les dirigeants de Wings of Hope étaient impressionnés par ce service d'aviation humanitaire et certains d'entre eux désiraient venir voir sur place. Le président, Joseph Fabick, Paul Rogers avec ses deux fils (qui devinrent pilotes de Bombardier 52) et Bruce Salzman de Nashville furent nos visiteurs. Cette expérience de vie dans les différentes missions de brousse sembla leur plaire; ils prirent des photos qui devinrent rapidement de bons moyens d'assurer la promotion de Wings of Hope. Des rapports et des photos d'urgences médicales avec avion et pilote en action incitent toujours le public à la solidarité et au partage.

Suivant en cela cette initiative des Américains, un groupe de gens d'affaires canadiens amis des Franciscains décidèrent, en 1971, de venir à leur tour en Amazonie: Jean Laberge, Noël Girard, Lionel Couture, Jean Moreau et le père Jacques Leclerc firent le déplacement, à la suite duquel ils fondèrent Les Ailes de l'Espérance, à Montréal. Ces gens possédaient une âme humaniste et voulaient vivre leur vie chrétienne en s'engageant envers les malades isolés pour les secourir, envers les enfants de la jungle pour leur fournir une plus grande éducation. Ils voulaient tisser des liens de fraternité entre les Péruviens et les Canadiens. Du fond du cœur, je les remercie de leur engagement.

Ma dernière année à Satipo fut marquée par la personnalité de Mariano Gagnon, un Franciscain plus âgé que moi de cinq ans. Il œuvrait à Cutivereni parmi la tribu indienne des Ashaninkas. J'essayai souvent de faire mon dernier vol vers Cutivereni pour passer la soirée en sa compagnie à jaser. Nous avions beaucoup de points communs liés à l'éducation. Il vivait avec des gens primitifs depuis 10 ans; moi, j'avais passé 6 ans chez les Papous.

«Qu'as-tu fait de bon chez les Papous, me demandait-il, et qu'est-ce que je fais ici chez les Ashaninkas?»

Question cruciale. Les mots *évangélisation*, *théologie*, *droit canon*, *église*, *sacerdoce*, *immortalité* alimentèrent des heures et des soirées de discussion. Les Papous et les Ashaninkas ont-ils une religion? Quels sont les liens qui les relient? Qu'est-ce qui maintient plusieurs tribus sur un même territoire sans déclenchement de conflits? Leurs coutumes de travail communautaire pour cultiver, pêcher, se nourrir et protéger leur source d'eau sont merveilleuses. Pour soigner les malades, ils savent quelles plantes utiliser et comment.

Tard dans la nuit, je lui répondais:

— Nous vivons près de la nature et nous la copions peut-être sans nous en rendre compte. Deux amoureux se complètent, partagent ce qu'ils sont et possèdent; puis, dans la joie comme dans la souffrance, ils rendent gloire à l'Être suprême qui leur donnera un fruit, une nouvelle vie. Ainsi, les

Ashaninkas reçoivent les missionnaires: on accepte de coopérer, de partager notre sagesse, de nous respecter, de nous entraider dans la joie et dans les difficultés. Cette union ne fait appel ni au pouvoir ni à l'argent. Les choix de chacun sont respectés.

— Je te comprends, Guy, de rester loin des grandes théories, me répondit Gagnon. Tu es un homme d'action. Tu as cette capacité de rendre service. Le son de l'avion est un signe d'espoir et de ralliement pour les Ashaninkas. Leur conscience s'élève vers le dieu qui leur veut du bien et la paix.

— Ta mission ressemble beaucoup à ma paroisse natale à Saint-Hugues, lui dis-je, en boutade. Si ta chapelle est toujours ouverte; ta clinique pleine de médicaments et dirigée par une bonne infirmière; tes écoles remplies d'enfants, de livres, de cahiers et de crayons; ton magasin fourni en outils de base pour cultiver la terre et pêcher, alors tes Ashaninkas vivront unis et heureux. Tu fais une œuvre magnifique.

Je suis reconnaissant à la fraternité des missionnaires de toutes les religions qui œuvrent pour le développement des Indiens isolés de l'Amazonie. Je crois leur avoir donné un service aérien efficace et sécuritaire au cours de toutes ces années. Je me sens comblé d'avoir aidé ces vaillants professeurs et infirmières qui dédiaient leur vie à l'éducation et à la santé des Péruviens.

Rendre service aux moins favorisés était la motivation de ma vie et Wings of Hope me rendait tout cela possible.

Chapitre 5

Envol dans une autre direction

Ma façon de penser et de voir le monde a été largement influencée par ma vie de pilote de brousse et de missionnaire. Ce style de vie me laissait beaucoup de temps pour méditer sur les événements et les comportements humains et je me posais bien des questions. Je n'avais de cesse de comparer les modes de vie que j'avais connus.

Six ans chez les Papous m'avaient offert la possibilité d'étudier et de vivre selon leurs coutumes. Je parlais trois dialectes papous et pouvais communiquer avec le peuple et son chef couronné de plumes et tenant le bâton sculpté dans la main droite (signe d'autorité

Maintenant, que dois-je faire?

105

suprême dans la jungle). Leurs vies et leurs croyances me semblaient issues du bon sens.

Le soleil, la lune et les étoiles les fascinaient et influençaient leur manière de vivre. La pluie tombant du ciel fertilisait leurs jardins et produisait leur pain quotidien. Ils avaient donc un grand respect pour le jardin des autres.

Les Papous admiraient leur jungle luxuriante et la protégeaient comme un trésor. Ils traitaient la végétation et la faune avec révérence, n'en prélevant que le strict nécessaire à leur survie. Les sources d'eau potable et les rivières étaient vénérées et respectées. Leur conscience sociale était sûrement due à un esprit supérieur: ils croyaient en l'existence d'une intelligence, d'une sagesse qui commandait et gouvernait toute la nature et leur demeure, et ce, depuis très longtemps.

J'observais les joies et les tristesses, les difficultés et les succès des Papous. Le soir autour du feu les réunions étaient animées. Chez eux, l'esprit de famille qui unit les parents et les enfants était aussi naturel que le soleil qui brille. Leur sagesse et leur culture séculaires reposaient sur la perpétuation de la lignée.

Je viens d'un monde différent, d'une autre culture. Les peuples nord-américains et européens ont coupé leurs superbes forêts pour construire des maisons, pour se réchauffer et cuire les aliments. C'est normal, mais chez nous, on coupe aussi les arbres pour des raisons économiques, sans respect pour l'environnement. Nos rivières sont contaminées par les nouvelles techniques industrielles d'extraction des métaux et du pétrole.

Nous, les Occidentaux, semblons toujours assoiffés de pouvoir et d'argent. Nous voulons nous libérer du travail manuel ardu et des maladies et voulons communiquer entre nous sans frontières.

Pour chaque problème, nous trouvons une solution: la maladie est vaincue par le recouvrement de la santé; face à la mort, nous promettons l'espoir et la résurrection. Autrefois, la survie et le bonheur étaient basés sur la vie communautaire, l'amour, la charité fraternelle, le respect des droits humains et le respect du choix des autres. On nous a enseigné de nous aimer les uns les autres et de pardonner à ceux qui nous offensent. Ce conseil est sans doute le plus difficile à expliquer... Un fils peut-il pardonner à l'assassin de son père, de sa mère ? Pourquoi? Comment? Quand?

Aider les moins fortunés et les humbles, chacun semble d'accord avec ce principe et pourtant nous faisons encore trop souvent les sourds.

Lorsque je suis arrivé au Pérou, j'ai étudié l'histoire des Incas et ai noté, avec surprise, les errements malheureux de la colonisation espagnole. *Caramba*! Quelle folie! Les Incas étaient établis en petits royaumes, gouvernés avec sagesse et mettant de l'avant la culture, la musique et la danse, l'agriculture et l'environnement. Durant des siècles, ils ont ainsi vécu pacifiquement jusqu'en l'an 1500 environ.

Puis arrivèrent les *Conquistadores* espagnols menés par Francisco Pizarro, un soldat qui ne savait pas signer son nom. Ils étaient accompagnés de Franciscains, de Dominicains, de Jésuites, pour libérer les Incas, disaient-ils.

«Que pense Jésus-Christ de cette façon de répandre la bonne nouvelle de l'Évangile?» m'interrogeais-je.

Comment pouvait-on baptiser un adulte papou qui ne savait ni lire ni écrire après six mois d'enseignement et même baptiser ses enfants? Pourquoi donner le nom de Charles,

Paul ou Joseph à des Papous qui portent des noms ancestraux comme Kawe, Kandok ou Ndombe? Ce changement compromettait les droits de propriété et de mariage. C'était un mystère pour moi!

Dans ma jeunesse, pour s'inscrire au sein de la hiérarchie catholique, être prêtre ou ministre du culte, un homme (surtout pas une femme) devait rester célibataire jusqu'à la mort. À 12 ans, on se pose certaines questions existentielles; en grandissant, ces questions se font plus complexes. Mon père et ma mère ont suivi la loi naturelle du Créateur en vivant ensemble et je leur en suis reconnaissant. J'existe. Je vis. C'est bon, magnifique pour tout le monde...

J'ai étudié l'Ancien et le Nouveau Testament. Je respecte ces écrits et, en les relisant, j'y puise des idées et des faits sur la vie et l'histoire de notre libération – de la mienne aussi.

Dans la Bible, on se rend compte que les chefs religieux juifs pouvaient se marier tout en gardant leur ministère, comme Abraham, Moïse et David. D'autres demeurèrent célibataires. Jésus-Christ avait une unique et spécifique mission: sauver, libérer. Il demeura célibataire et mourut à l'âge de 33 ans. Ses apôtres étaient tous mariés, à l'exception de Jean. Je n'ai pu trouver aucun texte dans les Évangiles qui ordonne de garder le célibat pour devenir prêtre, pour représenter Jésus-Christ. Tant que le soleil brillera, se marier ou rester célibataire demeurera un choix personnel.

Je reconnais les avantages de la vie de célibataire. Quatorze heures par jour, je pouvais m'instruire, me divertir et prier sans gêner qui que ce soit. Comme célibataire, je me suis donné sept jours par semaine au travail missionnaire et à l'action humanitaire. Je n'avais aucune ambition pour le pouvoir ni l'argent.

Je voulais continuer mon travail, mais quelque chose me manquait: l'immortalité, la continuité de la vie sur la Terre. L'immortalité, avoir une femme, l'aimer comme une compagne inséparable et avoir des enfants. Père, mère, fils. La magnifique trinité, pas seulement dans un ciel abstrait, mais dans une hutte, une paillote, une maison. Il était temps pour moi de déployer mes ailes pour une nouvelle destination.

En 1968, bon moine solitaire, je vivais dans le quartier de Punchana, à Iquitos. Je côtoyais cependant des missionnaires laïques qui coopéraient avec les ordres religieux en tant que menuisiers, mécaniciens, infirmières, catéchètes. J'avais 36 ans, j'étais grand, svelte, indépendant et libre. Je rencontrai Ruth Luna. Âgée de 23 ans, elle était jolie avec ses longs cheveux noirs qui cascadaient sur ses épaules. Un soir, elle me narra dans le menu détail ses activités au dispensaire, ses visites en hors-bord dans les différents villages. J'étais charmé. Je regardais ses beaux yeux remplis de vie, d'enthousiasme et d'énergie. Après trois heures de conversation, on se souhaita bonne nuit, puis chacun regagna sa chambre à la fraternité franciscaine. En me couchant, je me dis:

«Qu'en pense saint François d'Assise? Saint Louis de Montfort? Jésus-Christ? DIEU?»

Ma prière fut courte. Mon cerveau fonctionnait au rythme d'un avion affrontant un orage menaçant sur la *Fly River* ou sur l'Amazone.

«Attention, p'tit Guy, tu peux y perdre des plumes...»

Le lendemain, j'emmenai Ruth à son poste d'Indiana en avion. Par la suite, je la rencontrai à plusieurs reprises.

— Guy, tu es grand, fort, intelligent, indépendant, que fais-tu de ta vie? me lance-t-elle un jour.

— Je fais de mon mieux, chère Ruth. Je t'admire. Continue ton noble et beau travail.

— Toute seule, je sais que je peux réussir ma vie, mais avec toi ce serait différent, insista-t-elle.

Quelques mois plus tard, pour remercier Ruth, les Franciscains l'envoyèrent à Montréal en vacances. Débrouillarde, elle sut se rendre indispensable auprès du CUSO et du CECI, œuvres d'éducation humanitaire, en donnant des cours d'espagnol. Ces organismes envoyaient des Canadiens volontaires en Amérique du Sud. Ensuite, elle décrocha un poste à la bibliothèque de l'Université de Montréal.

Chapitre 6

Envol vers Ruth:
une tasse de café déterminante

En novembre 1972, je partis pour Saint Louis afin d'y faire rapport de mes activités à Wings of Hope concernant notre œuvre humanitaire au Pérou et pour donner des conférences et des interviews. Puis, je fis un saut à Montréal pour rencontrer les Franciscains et le nouveau groupe: Les Ailes de l'Espérance. Je rendis aussi visite à ma chère maman, âgée maintenant de 81 ans. Le 28 novembre, au bureau des Franciscains, boulevard Dorchester, je retrouvai l'élégante Ruth Luna, que je n'avais pas vue depuis quatre ans. Elle sortait alors que j'entrais; on avait failli se manquer. Il s'en était fallu de quelques secondes.

Nous nous sommes salués.

Partageant un *pisco sour.*

111

— Guy, viens prendre une tasse de café ce soir à la maison. Je vis avec ma sœur.

Mes relations avec les femmes étaient toujours prudentes, surtout quand il s'agissait d'une invitation. *Padre* Guy avait été bien formé sur ce point-là.

— D'accord, *senorita* Ruth, mais je n'ai pas beaucoup de temps! dis-je, essayant de me sortir de cette situation délicate.

Voulais-je vraiment m'en sortir?

— Si tu insistes, j'irai te voir à 20 h.

Cette tasse de café enrichie de *pisco*, l'eau-de-vie du Pérou, se révéla fatale pour *padre* Guy...

J'avais connu Ruth au Pérou en 1968. Elle était missionnaire laïque auprès de la mission franciscaine de l'Amazonie. Elle y œuvrait comme infirmière et catéchète, visitait les Witotos isolés dans les différents villages le long de l'Amazone à bord d'une chaloupe à moteur hors-bord. Passant deux à trois jours dans chaque lieu, elle y prodiguait des soins médicaux aux gens et animait des réunions religieuses en y insérant de la musique et de la danse. Les Witotos aimaient son programme. Le Pérou est reconnu pour sa musique folklorique jouée sur des instruments autochtones et ses centaines de danses interprétées en vêtements colorés. J'avais une grande admiration pour le travail de Ruth. Je ne l'avais pas revue depuis longtemps.

Son appartement, situé en face de l'Université de Montréal, était décoré à la péruvienne. Elle me parla de son travail à la bibliothèque et des spectacles de danses folkloriques qu'elle donnait en différents endroits. J'écoutai comme un bon curé de campagne. Elle prépara un goûter délicieux accompagné d'un bon café enrichi de *pisco*.

Je la quittai vers minuit sur la promesse de la revoir quelques jours plus tard pour une sortie campagnarde et pour une visite à ma famille. Ma mère l'aima dès la première rencontre. Ruth était d'une rare beauté et avait un charme attirant. Moi aussi, je me trouvais de plus en plus attiré vers elle, jusqu'à la voir dans mes rêves. Je ressentais des liens étroits se nouer entre elle et moi comme des fils d'araignée... sentiments inconnus pour moi. La sensation peut se comparer à celle de piloter en solo pour la première fois: on ressent une certaine ivresse.

Ruth m'avoua qu'en 1968, lorsqu'elle me vit pour la première fois, elle m'avait trouvé gentil mais indépendant et même asocial, bref irrécupérable.

«L'amour donne des ailes», me disais-je, mais dans quelle direction me portait-il? Une part de moi se rebellait: «Tiens-toi au compas, colle-toi sur l'Église.» Je me dirigeais vers une autre partie du cosmos, guidé par un désir naturel que je ne pouvais plus refréner.

Ruth et Guy étaient bel et bien amoureux. Nos conversations nous amenaient souvent à nous interroger sur notre avenir ensemble. Nos intentions devraient être annoncées à sa famille et à la mienne. Que penseraient les Montfortains, les Franciscains et même la hiérarchie? Pas de problème pour les Papous, les Ashaninkas et les Witotos. J'entrevoyais certains orages à venir. Quel dilemme!

La tradition séculaire de l'Église est difficile à affronter. Ce défi était assez grand pour que j'y perde des plumes et que j'en prenne pour mon rhume. Il fallait penser, étudier, rechercher la sagesse, deviner les plans de Dieu pour Ruth et moi. À l'âge de 40 ans, j'avançais sur une route non balisée, sans aucune ligne blanche à suivre.

J'ai déjà parlé du *Global Positioning System (GPS)*, un instrument de navigation par satellite qui nous guide en avion. J'aurais aimé disposer d'un instrument semblable pour guider ma vie. Les humains ont leur propre *GPS (God's Positioning System)*: la conscience. La vie de chacun d'entre nous est programmée à son insu et la sagesse a toujours le dernier mot.

Je laissai Ruth à Montréal le 18 décembre 1972. Elle allait quitter son emploi pour me rejoindre à Satipo, où je reprendrais le service aérien.

C'est par lettre que j'informai le supérieur général des Montfortains à Rome de ma volonté d'épouser Ruth Luna. J'exprimai aussi ma reconnaissance pour le privilège d'avoir eu à coopérer avec eux. J'ajoutai que j'étais pauvre en pouvoir et en argent mais qu'au chapitre de la foi, de l'espérance et de la charité pour Dieu, Jésus-Christ et les êtres humains, surtout les plus démunis, rien n'avait changé en moi.

Je me sentais plus près que jamais de l'unité telle qu'enseignée dans l'Évangile. Quelques semaines plus tard, je reçus une lettre m'avisant que le pape Paul VI avait accepté que je demeure membre de l'Église catholique, en tant que laïc cette fois. Merveilleux! je n'étais pas forcé de choisir entre ma religion et ma merveilleuse Ruth.

Un beau jour, Ruth s'envola pour Lima puis, après 16 h d'autobus pour traverser les Andes, elle atteignit enfin San Ramon Chanchamayo et passa quelques semaines à Satipo, en résidence chez les sœurs.

Un matin, elle arriva en pleurs au déjeuner:

— Sœur Carlita, une Italienne, m'a dit qu'elle faisait une neuvaine au Sacré-Cœur pour que tu meures dans un accident d'avion avant de me marier.

—Voyons Ruth, oublie ces bêtises. Le bon Dieu nous aime sans ses prières. Ne t'inquiète plus.

Notre mariage fut décidé pour le 1er avril 1973. Ruth portait une magnifique robe blanche confectionnée par sa cousine. Moi, j'eus une mauvaise surprise en déballant mon habit bleu du dimanche: il était recouvert de moisissures et de poussière. Emelia, ma future belle-sœur, résolut le problème en jetant le tout à la machine à laver. Cela commençait mal! Mon mariage partait-il du mauvais pied? Grâce au beau soleil de Lima et au fer à repasser, mon habit devint convenable en deux temps trois mouvements.

En autobus, bras dessus, bras dessous, Ruth et moi nous nous rendîmes à l'église Santa Rosa de Lima pour la cérémonie religieuse. Le lendemain, pour signer le contrat de mariage, nous allâmes à l'hôtel de ville de Lima, près du monument consacré à Francisco Pizarro monté sur son cheval. Puis, nous nous rendîmes à la cathédrale, où le cardinal Landazuri nous accorda une entrevue de 10 minutes. Nous étions en règle avec Dieu et avec les hommes.

La famille de Ruth était merveilleuse. Son père, Luis, faisait partie de la gendarmerie péruvienne. Il était de descendance espagnole et maure. Sa mère, Rosa Zevallos, avait des traits espagnols et incas. Avec *carino* (amour et compréhension), je fus accepté dans cette grande famille de sept garçons et filles. Je me sentais accepté d'eux tous et j'étais assuré que tout irait bien.

Le plus important maintenant était que nous nous aimions et que nous gardions une vie spirituelle. Je pouvais utiliser mes facultés pour communiquer, pour aider ceux qui souffrent, et partager la foi, l'espérance et la charité.

Financièrement, je pouvais assurer notre subsistance avec mon métier de pilote et de mécanicien d'aviation.

Par charité, je passerai sous silence la froideur dont firent preuve certaines personnes. La paix vient peut-être de la charité qui efface et pardonne tout. Je préférai me concentrer sur les graines qui germaient en nous. Les glaciers fondront un jour sous les rayons chauds de l'amour, faisant jaillir une source de vie pour nos futurs enfants: Paul, Gabriel et Claudia. L'argent et le pouvoir ne pourront jamais acheter la vie et l'immortalité.

Chapitre 7

Envol vers le Surinam

En juin 1973 – c'est-à-dire deux mois après notre mariage –, oncle Bill Edwards me contacta par radiotéléphone à Satipo.

— Allô Guy et Ruth, Wings of Hope vous offre un poste à Paramaribo, Surinam. Les pères Oblats hollandais ont créé un service humanitaire avec un Cessna 337. Depuis quatre mois, ils recherchent un pilote mécanicien. Ils t'offrent un bon contrat. Si tu acceptes, je t'envoie un remplaçant dans quelques jours et tu l'entraîneras. Dans un

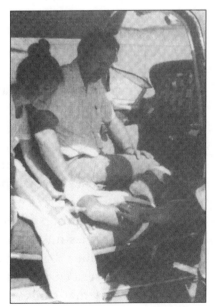

mois, prenez l'avion Lima-Caracas-Paramaribo, nous paierons vos billets sur KLM.

Ruth accepta ce changement avec joie, entrevoyant un renouveau pour notre travail et un bon début pour notre vie privée dans une atmosphère tout à fait différente.

À Paramaribo, le père Joop Calis nous reçut chaleureusement. Le Cessna 337 était garé dans un beau hangar bien équipé en outils et en pièces de rechange. Quelle joie d'avoir un hangar! Adieu l'entretien des avions au soleil, à la pluie et au vent.

Cela me fit comprendre la difficulté que nous avions eue à maintenir des avions sur la piste de Kiunga (Papouasie), à Iquitos sur la berge du Nanay et sur la piste de Satipo (Pérou) et pour réussir à maintenir l'inspection régulière selon un calendrier de 25, 50, 100 h. Combien de fois un orage ou une soudaine ondée avait interrompu le travail sur l'avion, m'obligeant à abandonner bougies et boulons. Il fallait tout arrêter, abriter les outils et les pièces, sans les perdre dans la camionnette. Sainte patience!

Cet engagement au Surinam se révéla excellent pour Ruth et moi. Le rêve qui avait guidé mes premières années d'aviation était revenu. Il était facile de piloter au-dessus des Guyanes hollandaise, anglaise et française. Des pistes d'atterrissage balisaient cette partie du monde jusqu'aux frontières du Brésil et du Venezuela, permettant ainsi de ravitailler les dispensaires, les écoles et les missions chez les Indiens. À ma grande surprise, beaucoup d'Indiens parlaient espagnol.

Ruth rejoignit les missionnaires en tant qu'infirmière et catéchète et continua à pratiquer la danse folklorique, qui attirait la jeunesse. Peu importent mes déplacements, j'apportais toujours ma trousse de dentiste: mon pouvoir guérisseur, ainsi que les médicaments d'urgence: pénicilline, quinine, imodium, indocit et le nécessaire pour les points de suture. On se sentait appréciés. Nous parlions indifféremment l'espagnol, le portugais, l'anglais et le français. Ce fut une période riche de partage et de paix. Le père Calis fut vraiment un ami, un saint homme! Le soir, nous chantions, Joop nous accompagnant à la guitare. Je volais 60 h par mois. Rien n'aurait pu mieux convenir.

Puis, Ruth tomba enceinte. Quelle joie! Les religieux et les missionnaires laïques étaient heureux pour nous. La grossesse se déroula sans problème même s'il faisait très chaud et humide dans ce pays au bord de l'océan Atlantique. La nourriture lui causait aussi quelques problèmes d'estomac.

AIDE DES CHINOIS

Le père Calis rassura Ruth. Le climat nous donnerait un nouveau-né très beau et très intelligent. De mon côté, je maintenais une bonne provision de yogourt au réfrigérateur de la mission. Ruth adorait ça. Je me ravitaillais au magasin chinois voisin, tout près de la mission. Le magasin avait un air misérable avec son plancher de glaise rouge, mais nous y trouvions de tout: lait, viande, légumes, fruits, aiguilles, boutons, quincaillerie, et évidemment du yogourt.

Nous avions nos appartements privés, mais nous prenions nos repas en communauté. Le yogourt était vendu en litres de verre sur lesquels je collais une étiquette: «Pour *madre* Ruth seulement.» Il arriva que cette précaution se révèle inutile.

Je ramenai un jour de la jungle deux agronomes et leurs femmes que j'avais trouvés fatigués et sous-alimentés. Ils venaient de passer trois mois dans une petite ferme expé-rimentale pour enseigner aux Indiens comment cultiver des légumes, du riz, et pour élever des bovins, des chèvres et des poulets. La diète des Indiens en serait améliorée. Excellent projet de développement.

Le soir de mon retour, Ruth m'apostropha:

— Guy, il n'y a plus de yogourt dans le réfrigérateur et j'ai faim.

— Mais j'en ai acheté trois litres ce matin avant de partir! m'indignai-je.

Soudain, je revis Erick, un des agronomes, dans le réfec-toire avec sa belle barbe rousse tachetée de blanc, se pour-léchant les babines. Pas de doute possible. Je courus au maga-sin chinois et en revins avec trois litres de yogourt.

«Tout pour *madre* Ruth et le bébé», songea le futur papa.

Au petit-déjeuner du lendemain, je racontai le méfait au groupe. Le père Calis prit l'événement en riant, mais gronda:

— Erick, toi qui parles tant de justice sociale, comment as-tu pu voler la nourriture d'une femme enceinte?

— Pardonnez-moi, s'excusa Erick, je n'avais pas mes lunettes et je n'ai pu lire la note. J'avais une faim de loup après ce long stage dans la jungle.

Pour se faire pardonner, il donna un baiser à Ruth.

Le magasin chinois eut une importance capitale dans notre vie. Maintes fois, je m'y dépannai en pièces pour réparer le Cessna 337. Ainsi, un jour, alors qu'un boulon s'était brisé dans le train d'atterrissage et que je n'en trouvais pas dans mes pièces de rechange, je dis au père Calis:

— L'avion est cloué au sol. Je vais demander de l'aide à mon ami chinois du magasin.

Tout le monde se moquait de moi et de ma grande confiance en mon ami Lay Wang, mais je n'en eus cure. J'emportai mon boulon cassé et l'écrou et je me rendis au magasin. Devant l'urgence de la situation, Lay, clignant de ses yeux rieurs, me lança:

— Venez avec moi en arrière, monsieur Guy. Je vais regarder.

Quelle surprise! Incroyable mais vrai! Dans un vieux hangar caché, il y avait des ailes de Cessna et de Piper, des moteurs, des hélices, des radios, des tableaux de bord avec leurs instruments, sur des étagères bien organisées.

— Monsieur le pilote, je crois avoir ce que vous voulez, me dit mon ami le Chinois.

J'étais bouche bée lorsqu'il me tendit le boulon dont j'avais besoin.

— Combien vous dois-je? demandai-je par politesse, pensant que c'était un cadeau à un homme travaillant pour les missions humanitaires.

Je l'entendais déjà me dire: «Oubliez cela, vous êtes de bons clients. Entre amis.» Au lieu de cela, j'entendis:

— Très peu, très peu. Seulement 10 $, me lança-t-il en souriant.

Je ne m'enfuis pas en courant. Ce boulon signifiait que l'avion pourrait voler. Mais j'étais confus et ébranlé.

J'appris plus tard de quelle façon Lay Wang obtenait ces pièces d'avion. Lorsqu'un avion s'écrasait dans les Guyanes ou au Brésil, il envoyait des éclaireurs pour examiner l'épave. Après avoir attendu les 40 jours de délai en cas de réclamation des propriétaires de l'appareil, il chargeait une caravane de ramasseurs de ramener les restes de l'avion. Il nettoyait les pièces et était prêt alors à les revendre.

De toute façon, je ne pouvais me fâcher contre mon ami chinois Lay, pour qui je n'avais que de la gratitude. Sa sagesse et son ingéniosité permirent au Cessna 337 d'être en condition de voler 20 minutes plus tard. Comment lui en vouloir, il travaillait selon les lois de la libre entreprise, demandant un prix évalué par rapport à la valeur de l'objet et aux dépenses encourues pour le récupérer.

Le service humanitaire au Surinam me demanda 80 h de vol par mois, pour les urgences médicales, pour des projets éducatifs, d'agriculture et d'évangélisation. Une fois par semaine, les directeurs de l'Aluminum Company of America (ALCOA) nolisaient l'avion pour prospecter dans ces régions. Cela permettait de couvrir les frais d'entretien de l'appareil.

J'aimais mon travail, mais la naissance de notre premier enfant approchait. Ruth était fatiguée par la chaleur. Wings of Hope envoya donc un autre pilote-mécanicien, puis Ruth et moi quittâmes le Surinam après 22 mois de bonheur en ces lieux.

Nous ne pouvons voyager sans que des événements cocasses n'arrivent. Ruth avait reçu tant de cadeaux en plus de ses achats que nous partîmes de Paramaribo, sur les ailes de KLM pour Curaçao et New York, avec quatre valises et sept paniers tressés en lianes, remplis à craquer. À l'aéroport Kennedy de New York, je dus ramasser ce qui restait de nos beaux paniers colorés, qui avaient voyagé dans la soute de l'avion et qui nous arrivaient en pièces détachées sur le tourniquet à bagages. En riant, l'agent des douanes m'a quasiment dit de me sauver avec mes paniers et ma belle femme enceinte... Dans le stationnement des taxis, les chauffeurs levaient tous la main pour héler les clients: «Monsieur, madame.» Lorsqu'ils voyaient mes valises et mes sept paniers, c'était la panique. Plus personne ne se proposait pour nous emmener à La Guardia. Finalement, nous réussîmes à atteindre le comptoir d'Air Canada et à nous enregistrer pour Dorval.

— Vos valises, s'il vous plaît, monsieur, me dit l'agent en m'invitant à les placer sur le tapis roulant.

Je présentai mes sept paniers maintenant solidement ligotés avec de la ficelle. L'agent pâlit subitement.

— J'ai aussi quatre valises, lui dis-je. Mon épouse est enceinte.

Dix minutes plus tard, quatre agents au sol discutaient encore de notre sort.

— Voici mes licences de pilote et de mécanicien, expliquai-je. Je pilote pour une ligne aérienne de brousse, Wings of Hope.

Finalement, on nous apporta de grandes boîtes de carton pour y glisser un à un nos fameux paniers. Était-ce le commencement des joies de la vie familiale?

À Montréal, nous avons loué un petit appartement. Ruth le décora avec les cadeaux contenus dans les mémorables paniers. À l'hôpital Sainte-Jeanne-d'Arc, elle donna naissance à un beau garçon, rose et vigoureux, que nous prénommâmes Paul en mémoire de mon père. Opération immortalité réussie!

Il n'y a pas de mots pour décrire la joie que nous partagions, Ruth et moi. Pour toujours, nos cœurs garderont comme de précieux trésors les premiers mois et les premières années de nos chers enfants. De temps à autre, ces chers souvenirs referont surface pour égayer les repas de famille.

Tous les deux, nous passions des heures à admirer et à nous occuper de ce fils premier-né: *primogenito* Pablo. Ruth avait confiance en moi, malgré mes grosses mains. Toutefois, elle ne manquait jamais de m'avertir de prendre bien soin de ne pas lui cogner la tête et de ne pas le laisser tomber. Sa mère et moi, nous partagions la tâche: faire chauffer et tenir la bouteille Enfalac; plus tard, lui donner à la cuillère de la purée, des carottes et des fruits écrasés, voilà ce que j'aimais. Bébé Paul était si désireux de manger, se démenait tellement dans sa chaise haute qu'il en avait le visage barbouillé de nourriture. Bien nourri, il grandissait rapidement. Chanter les prières des matines, laudes et vêpres avait un charme différent!

La plupart du temps, Ruth aimait que je l'aide, mais elle ne fut pas aussi contente un après-midi qu'elle partit magasiner et me laissa seul avec Paul (après mille recommandations).

À son retour, elle nous trouva dormant tous les deux dans le salon: moi sur le sofa et Paul sur le plancher enveloppé de couvertures. Évidemment, après avoir vaqué aux épuisantes responsabilités paternelles, comme jouer avec mon champion, j'étais exténué.

— Il faut dormir, fiston, pendant que je regarde la télévision, lui avais-je dit.

— C'est terrible, me lança Ruth à son retour dans la soirée. Quel papa négligent! Je ne suis partie que quelques heures et voici ce qui arrive.

— Ah, ma chère Ruth, lui répondis-je en souriant, bébé Paul doit apprendre les réalités de la vie. Regarde comme il est heureux de dormir avec son *papoush*...

Chapitre 8

Envol vers le Guatemala

Après quatre mois à Montréal, je m'ennuyais de la jungle et des montagnes. Les vacances étaient terminées et le temps était venu pour notre heureuse famille de bouger. Comme d'habitude, je téléphonai à oncle Bill Edwards, de Wings of Hope à Saint Louis.

— Allô Guy, tu appelles au bon moment: les Coopératives agricoles de Ixcan, au Guatemala, ont besoin d'un service d'aviation humanitaire et nous avons un beau Cessna 185 tout neuf. Nous avons besoin d'un pilote-mécanicien. Comment vont Ruth et Paul?

— Tout va très bien, oncle Bill. Je suis prêt à partir au Guatemala. Dans une semaine, je serai à Saint Louis.

J'appris qu'au Guatemala, comme dans plusieurs pays des Amériques Centrale et du Sud, seul un petit pourcentage de la population possède un lopin de terre. Dans leurs efforts pour obtenir une terre pour chaque famille, les missionnaires Maryknoll travaillaient sur un projet en collaboration avec le gouvernement guatémaltèque afin de donner accès aux

Arrivant à Quiche de Xabal, Ixcan.

campesinos (fermiers) à un endroit pour vivre et cultiver fruits et légumes.

Cet arrangement ressemblait à celui que les pionniers canadiens avaient eu avec les seigneuries à l'époque de l'intendant Jean Talon.

Dans la luxuriante jungle de Ixcan (Guatemala), les routes étaient inexistantes. Un service aérien était indispensable. C'est là que Wings of Hope et moi intervînmes. Un nouveau Cessna 185 serait mis à ma disposition avec les outils et pièces de rechange nécessaires.

Toujours jeune et enthousiaste, *madre* Ruth se réjouit de cette possibilité qui s'offrait à nous, d'autant plus que l'hiver gelait le Canada. Ruth était également heureuse d'aller dans un pays hispanophone. Bébé Paul, pour sa part, n'avait pas d'autre choix que de suivre. Que lui réservait l'avenir?

Le Service administratif canadien outre-mer (SACO) accepta notre projet, baptisé Coopérative agricole et aviation humanitaire. Il finança mes frais de voyage, les assurances et notre établissement de six ans au Guatemala. J'en profite pour remercier l'organisation pour cette aide humanitaire et de développement. Nous avons aidé des milliers d'agriculteurs guatémaltèques de 1975 à 1980. Je voudrais avec ce chapitre remercier le SACO de l'aide qu'il nous a fournie.

Le 18 janvier 1975, la famille Gervais arrivait donc à Guatemala City par Eastern Airlines. En accord avec Wings of Hope, les pères Maryknoll s'occuperaient de notre logement pour faciliter les débuts de l'opération. Le supérieur religieux, un saint homme, nous invita gentiment à prendre un goûter et nous fit visiter sa magnifique maison arborant planchers cirés, salle à manger, chapelle et 15 chambres réservées aux missionnaires, dont la moitié seulement étaient alors occupées.

LA FAMILLE GERVAIS DANS LE HANGAR BETHLÉEM

Après le repas, il nous conduisit avec nos valises à l'aéroport, où Wings of Hope avait obtenu un petit hangar sans frais. Le Cessna 185 y avait déjà été livré et garé.

— Mais où allons-nous loger, Ruth, Paul et moi-même? demandai-je au supérieur.

Sa réponse me fit frémir.

— Ici même, dans le hangar. Nous avons aménagé deux lits et vous bénéficierez de la présence militaire, me répondit le père supérieur.

— Comment, père? Nous allons vivre dans un hangar avec un bébé! s'exclama Ruth. Vous pourriez au moins nous loger dans une de vos chambres à la maison provinciale, en attendant...

— C'est impossible, dit-il. Une communauté religieuse ne peut loger des gens mariés, surtout pas avec un enfant.

J'ai alors compris l'histoire de Joseph, de Marie et de Jésus à Bethléem. Elle se répétait dans notre propre chair... Merci, mon Dieu! Je venais de recevoir un seau d'eau froide sur la tête et réalisais que j'étais vraiment de l'autre côté de la clôture...

Nous passâmes une semaine à l'aéroport, notre «Bethléem». Il y avait un petit poêle électrique, un réfrigérateur, une table, deux chaises et de la bonne nourriture. Pourquoi se plaindre? Les avions à réaction géants de la Pan Am et d'Eastern Airlines atterrissaient et décollaient au ras de nos oreilles. Le pauvre Paul faisait des sauts dans son lit et se mettait à pleurer au vrombissement des turbines.

Avertis par radio, trois présidents des coopératives agricoles et Fabian Perez, le coordinateur, vinrent de Santa Cruz del Quiche, cinq jours plus tard. Fabian était un Indien maya et devint un ami sincère.

— Je crois que la base de Wings of Hope devrait être installée à Santa Cruz del Quiche, me dit Fabian en admirant le nouveau Cessna 185. J'ai acheté 50 fûts d'avgaz et le colonel nous permet de commencer les vols au Guatemala avec un permis temporaire pour six mois, renouvelable. Surtout, nous avons loué une maison convenable pour vous. Ruth, Pablo et Guy, les *campesinos* d'Ixcan vous souhaitent la bienvenue.

— Merci beaucoup, mes bons amis, répondis-je. Je peux vous assurer de toute ma bonne volonté et de ma plus complète coopération.

Je regardai Ruth, qui retrouvait son sourire. On se donna une énergique accolade. «Voilà ce qu'est la véritable charité, pensais-je. Les beaux jours vont revenir.»

Il ne fallait qu'une heure de vol de Guatemala City à Quiche, notre base; les camions pouvaient aussi l'atteindre. De Quiche, le Cessna devait monter à 3 353 m d'altitude pour traverser la chaîne de montagnes, puis descendre dans les fertiles vallées d'Ixcan où 25 000 fermiers avaient émigré avec leur famille en moins de quatre ans.

Les fermiers de chaque coopérative avaient construit cinq pistes de brousse avec des piques et des pelles, à la seule force de leurs bras. Fabian, qui avait inspecté les pistes lui-même, les jugeait opérationnelles pour notre Cessna 185.

Ruth était impatiente de voir notre nouvelle maison et d'organiser notre vie de famille. Le 7 février 1975, la petite famille Gervais et ses valises s'envolaient dans le nouveau Cessna 185 pour atterrir à Santa Cruz del Quiche, situé à 1 524 m d'altitude. Le climat était frais, mais très ensoleillé. Ruth aima tout de suite ce village: vive la campagne et les gens simples comme les indigènes mayas!

Notre heureuse famille s'installa rapidement dans la grande demeure. Fabian demanda à quelques dames d'aider Ruth à préparer la maison, à acheter la nourriture et à faire la cuisine pour plusieurs jours. Amelia, une gentille jeune fille, s'occupa de notre *angelito* Paul.

Mon boulot commençait. Il dura jusqu'en décembre 1980. Le bureau de Fabian était une chambre reliée au presbytère. Il y tenait sa comptabilité, y abritait son coffre-fort et la radio HF-SSB (High Frequency-Single Side Band) pour communiquer avec les coopératives et avec l'avion lorsque je prenais les airs.

Fabian coordonnait les vols avec les coopératives et achetait la farine, le sucre, les outils et les matériaux nécessaires. Les urgences médicales pour les Mayas malades ou blessés étaient assurées gratuitement.

Fabian comprit vite que l'aviation humanitaire peut fonctionner avec un maximum d'efficacité. Réserve de fret (cargo) à la base de Quiche, puis retour avec des produits d'Ixcan qui seraient vendus aux marchands de Quiche. Un sentier permettait d'atteindre la jungle, mais que de difficultés pour traverser la Cordillère de los Cuchumatanes: terrains montagneux, pluies, vent, voleurs. L'avion était donc un espoir et une sécurité, par conséquent l'unique moyen de transport pour le développement des communautés. Une fois de plus, je voyais les miracles qu'un petit avion peut accomplir dans la jungle, appelée l'enfer vert (*green hell*).

Des amis de Wings of Hope de Saint Louis vinrent prendre le pouls du projet. Il s'agissait de John Gunthrie, ingénieur de bord chez American Airlines, et d'Ed Mack Miller, instructeur chez Braniff et United Airlines. Ed pris 11 jours de repos à Quiche; il aimait le climat et demeura avec nous. Quel homme charmant! Il écrivait aussi des articles dans des revues d'aviation.

Il m'accompagna souvent. Il n'y avait que le siège du pilote dans l'avion, mais peu importait. Voilà Ed Miller, le grand capitaine de Boeing 707 avec ses 30 ans de pilotage, assis sur des sacs de sucre ou de maïs dans un Cessna 185 survolant les montagnes et la jungle. Il trouvait mes pistes courtes, boueuses et cahoteuses. La dose serait trop forte pour la FAA.

—Guy, dans toute ma carrière, je n'ai jamais vu un tel service aérien, me dit-il un soir. Les fermiers de la jungle ont besoin de cet avion, mais tu dépasses largement les possibilités de l'appareil sur ces pistes de fortune... Tu voles par l'opération du Saint-Esprit. Tu es mon héros!

Il rédigea un article favorable dans des revues d'aviation et pour le bulletin de Wings of Hope.

Avec le temps, j'avais entraîné un Maya appelé Diego Luz à faire le plein, à charger et à attacher le fret ou les passagers (pas plus de 550 kilos). Dans un Cessna 206, il est facile de trouver le centre de gravité: si je touchais de la main le stabilisateur et que l'avion tombait sur la queue, on devait tout recharger. Comme le Cessna 185 possède une roue arrière, ce procédé n'est plus possible. Au décollage, si j'éprouvais de la difficulté à faire lever la queue de l'avion, j'annulais l'opération.

Je pus toujours compter sur le jugement de Diego Luz. Il ne commit aucune erreur... parce que je lui avais enseigné les bonnes méthodes.

En temps normal, je volais une moyenne de 90 à 115 h par mois. Je pilotais et faisais l'entretien du Cessna 185, un avion excellent pour nos besoins en brousse. Je décollais de Quiche, piste située à 1 524 m d'altitude et montais à 3 658 m sans difficulté: peu de petits avions peuvent accomplir cet exploit. En altitude, l'air est moins dense, le moteur développe moins de puissance et le décollage se fait sur une plus longue distance.

Les malades voyageaient couchés sur un petit matelas en mousse installé sur le plancher de l'avion et enveloppés dans une couverture. Les professeurs nolisaient l'avion pour transporter leur matériel scolaire et les missionnaires, catholiques ou protestants, l'utilisaient pour rendre visite aux paysans de Ixcan.

Chaque semaine, cinq ou six nouvelles familles mayas arrivaient à Quiche pour s'installer sur la Terre promise d'Ixcan avec leurs enfants et tous leurs bagages. J'aimais les Indiens mayas, qui vivaient simplement et travaillaient fort. Ils étaient des témoins vivants d'espoir, d'honnêteté et de fierté.

Pour les vols vers Ixcan, l'avion de *Alas de Esperanza* transportait une variété de fret: du ciment, des outils, de la farine, du sel, du sucre, des poulets, des dindes, des veaux et des cochons. Au retour, on chargeait le Cessna 185 avec des passagers et des produits des coopératives: maïs, riz, café, papayes, oranges, bananes. Denrées rares, des graines de sésame (200 \$/50 kg) et de la cardamome, utilisée en parfumerie (300 \$/50 kg).

Durant ces années, il me fut facile de concilier pilotage et vie de famille. Malgré un emploi du temps chargé – quatre vols par jour –, je prenais une heure pour dîner le midi avec Ruth et Paul. Je jouais avec lui; il grandissait vite, heureusement en bonne santé. Il était très sociable, jouant avec les autres enfants qui venaient chez nous... attirés par ses jouets. Vers 17 h, je rentrais par le dernier vol. Fabian éteignait alors la radio HF-SSB qui était restée sur écoute toute la journée pour les messages, la météo, et pour suivre l'avion. Très professionnel! La coopérative d'Ixcan possédait deux camionnettes Ford Econoline basées à Quiche, de sorte que Ruth pouvait se déplacer avec un chauffeur. C'était la belle vie!

Le dimanche, je ne pilotais qu'en cas d'urgence médicale. J'ouvrais la radio à 8 h 30. Si aucun message ne me parvenait, c'était jour de repos! Je pouvais donc assister au service religieux, écouter l'orchestre militaire qui jouait la *marimba* pendant que Paul dansait avec les autres enfants. Le climat était assez sain. Quelquefois, en camionnette, nous allions à Chichicastanango, un endroit touristique, pour y magasiner des vêtements colorés. J'aimais cette vie de famille, bien différente de la vie de fraternité que j'avais connue.

TREMBLEMENT DE TERRE

Nos années au Guatemala me procurèrent les plus grandes satisfactions de ma carrière de pilote-missionnaire, mais me firent aussi connaître des expériences de frousse et d'horreur. La plus tragique fut l'horrible tremblement de terre qui nous frappa vers 2 h du matin le 4 février 1976: une magnitude de 8 sur l'échelle Richter fut enregistrée.

Durant cette nuit mémorable, à Santa Cruz del Quiche, Paul dormait entre Ruth et moi dans notre lit. Je fus réveillé par les hurlements de notre chien et de ceux des voisins, puis j'entendis un roulement, le son profond d'un train qui approche. La maison commença à bouger, à branler et à craquer. L'électricité étant coupée, ma lampe de poche éclairait des faisceaux de poussière.

— Vite, Ruth, pressai-je mon épouse, sortons d'ici!

Je saisis Paul et, en courant, nous atteignîmes le jardin. Nos voisins, qui étaient eux aussi sortis de leur maison, parlaient fort, criaient, et les enfants pleuraient de frayeur.

— Guy, le plus sécuritaire serait de passer le reste de la nuit dans la camionnette, m'annonça Ruth. Il y aura encore d'autres secousses.

Prenant la nourriture, les vêtements et les couvertures nécessaires, nous nous dirigeâmes vers la piste d'atterrissage près de l'avion. Nous étions en sécurité, mais nous ne pûmes nous rendormir. La nuit se passa en conversations alimentées par la frousse que nous venions d'avoir. Les conséquences que ce tremblement de terre aurait dans la région étaient au cœur de nos préoccupations. Finalement, je m'étendis sur le plancher dans l'avion pour trouver un peu de sommeil.

Le lendemain matin, les rayons de soleil eurent de la difficulté à percer la poussière qui planait sur la région. Un nouveau genre de solidarité s'était formée en ce matin tragique; nous avions partagé la même peur, la même peine et les mêmes frissons.

Vers 7 h 30, nous retournâmes à la maison: elle avait tenu bon. Le pire était passé. Habituée aux tremblements de terre à Lima, Pérou, Ruth décida de reprendre le cours de ses occupations.

Mon premier vol après le tremblement de terre se fit vers Ixcan. En revenant à Quiche, je trouvai notre hangar sens dessus dessous. Fabian s'approcha et me tendit une note en disant:

— Un messager en bicyclette est arrivé annonçant que la petite ville de Joyabaj (14 000 habitants) avait été détruite par le tremblement de terre. Je connaissais les lieux: il y avait une piste de terre à quelques kilomètres de là, utilisée par le groupe MAF (Missionnary Aviation Fellowship). Si tu veux, je t'accompagne avec un médecin de l'hôpital et un fonctionnaire du gouvernement.

Ainsi commença une semaine de vols d'urgence par faible visibilité à cause de la poussière, qui plana durant plusieurs jours sur le pays. Un spectacle tragique nous attendait à Joyabaj. Pas une seule maison n'était restée debout: comme le tremblement de terre avait eu lieu la nuit, les gens dormaient et y furent écrasés ou emprisonnés. Les survivants dirent qu'ils avaient vu du feu sortir de la terre tout près d'un ruisseau.

Je retournai à Quiche (à 35 min de vol) avec quatre blessés qui furent transportés à l'hôpital. Avertis par la radio de l'avion, les secours avaient disposé du matériel à Quiche. Je fis sept vols cette journée-là, emmenant de Joyabaj des blessés désespérés que Fabian et le médecin stabilisaient.

Ruth vint passer une journée à Joyabaj pour aider les blessés et encourager les gens. Puis, des groupes humanitaires joignirent leurs efforts une semaine plus tard, comme CARE, Catholic Relief Service et des membres du Peace Corps des États-Unis.

Nous remerciâmes Dieu que notre maison ne fût pas tombée sur nous, mais plusieurs habitants du Guatemala ne furent pas aussi chanceux durant cette terrible nuit. L'épicentre du séisme était Joyabaj. L'onde de choc couvrait 9 064 km². Vingt-trois mille personnes furent tuées et le double blessées, des centaines d'autres manquaient à l'appel. Selon les estimations, ce tremblement de terre laissa un million de personnes sans toit. Les Mayas bâtissent leur maison en *adobe*, un mélange de glaise et d'herbe pour les murs, de grosses solives de bois pour le toit, qui est ensuite recouvert de tuiles rouges. On peut imaginer le poids des matériaux qui tombèrent sur les gens qui dormaient et la dévastation qui s'ensuivit.

Plusieurs personnes sont aujourd'hui vivantes parce que Wings of Hope était présent au Guatemala et a efficacement coopéré à les secourir. Dans la jungle, où aucun effet du tremblement ne s'était fait sentir, les vols reprirent leur cours normal.

À plusieurs reprises, devant tant de souffrances physiques et morales, je me demandai: «Pourquoi suis-je venu ici, avec Ruth et Paul, risquer nos vies dans ce terrible tremblement de terre? Comment s'appelle cette force qui, comme un aimant, m'attire pour vivre et travailler dans des endroits risqués comme Quiche?»

La réponse venait toujours sous la forme d'une question: «Serait-ce cette même sagesse qui donne l'amour et la force de ne pas se décourager et de ne pas rechercher une vie plus tranquille et facile?»

La famille Gervais retourna à Montréal à chaque naissance. Ce fut le cas pour celle de Gabriel, le 18 septembre 1976, et pour celle de Claudia, le 11 juillet 1978. Je demeurais à Montréal un mois puis je rentrais au Guatemala reprendre le service humanitaire de Quiche-Ixcan. Ruth venait me retrouver plus tard avec les enfants.

Je dis souvent à Ruth qu'elle a eu beaucoup de courage et d'ingéniosité pour élever nos enfants à Santa Cruz del Quiche. Nous y avions une solide maison, de bons amis et des distractions. Par Cessna 185, je pouvais partir le matin avec Ruth et les enfants pour faire des achats à Guatemala City et revenir vers 16 h. Une fois, nous sommes allés à Mazatlan (Mexique), où vivait la sœur de Ruth. Les enfants y ont passé du bon temps en barbotant dans l'océan Pacifique.

En 1979, *Alas de Esperanza*, la mission humanitaire et de développement, commença à assurer un nouveau circuit avec un second Cessna 185 à Patuca et à La Mosquitia, au Honduras. Là-bas, il n'y avait que trois pistes de brousse. J'entraînai un pilote remplaçant pour Quiche, puis je pris le nouvel avion pour le nouveau service au Honduras avec les coopératives agricoles, que guidait un prêtre des Missions étrangères, un Canadien, *padre* Louis. Cinq jours de vol par semaine toutes les trois semaines étaient suffisants pour assurer ce service. Donc, les paysans d'Ixcan, dont la population avait augmenté à plus de 60 000 personnes, bénéficiaient d'un transport aérien grâce à deux Cessna 185.

Les coopératives d'Ixcan avaient ouvert 14 pistes de brousse et mon expérience fut mise à contribution pour évaluer le terrain de ces pistes et le travail à faire jusqu'à leur ouverture. Fabian aimait inspecter lui-même la piste avant mon premier atterrissage: il avait toute ma confiance. Il était toujours enchanté de remonter dans l'avion pour revenir à Quiche célébrer l'ouverture avec un bon verre de rhum Botran. Ensemble, nous tracions au colonel de l'armée à Quiche et à celui de l'aviation civile du Guatemala un plan détaillé de la nouvelle piste.

LE SON DE L'AVION: ESPOIR

Tout fonctionnait très bien, sans accident. Les gens étaient en paix. Le son de l'avion était comme une musique douce à leurs oreilles et surtout attendue: les huttes se vidaient, les enfants sortaient de l'école en courant pour voir l'avion, les passagers et le fret. C'était tout un événement! Les *campesinos* étaient bien organisés, cultivant de grands champs (*chacras*), mangeant bien et vendant leurs surplus. Leurs enfants allaient à l'école et des infirmiers et infirmières étaient présents dans les dispensaires, et disposaient d'une bonne réserve de médicaments. Le samedi, j'apportais ma trousse de dentiste pour une session de quelques heures. Une session de guérison... Et comme toujours, la présence de Wings of Hope, avec ses dévoués pilotes, amenait espoir et confiance.

LES *CAMPESINOS* MAYAS TERRORISÉS

Les choses allaient peut-être trop bien. Les membres des forces armées du Guatemala devinrent jaloux. Les soldats étaient maigrement payés et voulaient améliorer leur niveau de vie en possédant un lopin de terre, mais sans travailler.

D'abord, ils commencèrent par voler les fermiers à la pointe de la mitraillette, puis à les blesser, allant parfois jusqu'à les tuer. Une fois le père de famille tué, les soldats promettaient d'avoir bien soin de la femme et des enfants, s'appropriant ainsi la petite ferme. Les médecins militaires castrèrent beaucoup de jeunes gens et des hommes et envoyèrent des soldats prendre les femmes. En ayant un enfant avec cette femme, le soldat se considérait dorénavant comme le propriétaire de la hutte et du terrain.

En septembre 1980, la majorité des directeurs des coopératives agricoles d'Ixcan avaient disparu. La plupart avaient été torturés par des ondes électriques, leur corps enduit de miel et exposé aux abeilles et aux fourmis rouges. Ils subirent d'autres brutalités indescriptibles.

À Quiche, un hélicoptère militaire lança des tracts au-dessus de la petite ville; ces feuillets portaient les noms des gens à liquider: Fabian Perez, Diego Luz et Guy Gervais. Quel honneur!

Les jours suivants, le cœur brisé, Ruth prépara son départ avec les enfants et je la conduisis à Guatemala City pour l'embarquer sur un vol d'Eastern Airlines vers Montréal.

Quel courage de voyager avec trois enfants! C'était le 25 novembre 1980.

Le temps de la crise approchait, comme un volcan prêt à faire éruption. De gros nuages noirs obscurcissaient l'horizon... Je m'apprêtai à mettre fin au service humanitaire. Le second avion (celui du Honduras) ne vint plus au Guatemala et je préparai en cachette le départ de *Alas de Esperanza* par Cessna 185 (N1092F), rempli d'outils et de pièces d'avion. Le 8 décembre 1980, je m'envolai vers Tegucigalpa (Honduras) à 5 h 30 du matin.

Le même jour, Fabian et Diego chargeaient la camionnette Ford Econoline des effets personnels de la famille Gervais, sans oublier les jouets des enfants, et vinrent me retrouver à Guatemala City. J'y étais revenu le même jour par vol commercial.

— Guy, tu ne dois pas traîner trop longtemps au Guatemala, m'avait dit Fabian. Le départ de l'avion et celui de ta camionnette de la base de Santa Cruz del Quiche vont très vite se savoir. Passe la frontière du Mexique au plus tard ce soir...

Le soir du 8 décembre 1980 fut un moment d'adieu très triste. Je partais pour Montréal par la route. J'offris à mes amis de les faire passer au Mexique... ils préféraient rentrer à Quiche par car.

— *Adios, amigos! Vaya con dios.* Adieu mes chers amis, que Dieu vous protège. Salutations à vos familles et à mes bons amis d'Ixcan. Je vous souhaite du bonheur et la paix.

— Nous nous reverrons...

Les larmes coulaient. En silence, nous nous donnâmes une solide accolade.

À Vera Cruz (Mexique), je pris une journée de repos et j'appelai Ruth pour lui donner les dernières nouvelles et en prendre de nos chers enfants. Avant de rentrer à Montréal, je décidai de passer par Saint Louis.

Ainsi se termina *Alas de Esperanza* au Guatemala. De si belles années s'éteignaient dans une situation de violence à venir et de souffrances. À l'occasion de mon passage à Saint Louis, M. Bill Edwards écouta mon rapport des événements et m'annonça que le provincial des pères Maryknoll lui avait téléphoné de Guatemala City pour lui annoncer cette terrible nouvelle: Fabian Perez de Leon avait reçu plusieurs balles de mitraillette dans le dos en retournant à sa maison et sa femme Luisa l'avait trouvé mort. Diego Luz avait été arrêté, torturé et porté disparu...

— Mon cher Guy, la Providence était avec toi, me dit oncle Bill. L'armée aurait pu te descendre n'importe quand. Avale donc un Canadian Club pour reprendre tes esprits!

Le lendemain, je me rendis chez Carterpillar pour rendre visite à M. Joseph Fabick, le président de Wings of Hope.

Dans sa grande bonté, il demanda à son mécanicien de faire une bonne inspection de mon Econoline, d'y passer deux jours s'il le fallait, même de me poser des pneus d'hiver neufs... Considérant que j'étais en vacances...

Le 22 décembre 1980, j'arrivai à Montréal chargé de nos biens et des jouets des enfants. Nous étions tous très heureux d'être de nouveau réunis. Les enfants ne se doutaient pas de la tristesse qui envahissait l'âme de leurs parents. Néanmoins, nous avons passé un beau Noël dans la joie familiale. Il y a des secrets douloureux que l'on garde enfouis très profondément dans son cœur...

SERVICE HUMANITAIRE À PATUCA, HONDURAS

Au mois de mars suivant, Wings of Hope m'offrit de faire des stages de trois mois au Honduras pour piloter l'un des Cessna 185 dans la jungle de Patuca et de La Mosquitia. Le service aérien humanitaire soutint ainsi les efforts de 30 000 fermiers isolés regroupés en coopérative agricole, suivant en cela le modèle établi à Ixcan (Guatemala). Des projets de Catholic Relief Services me permirent de m'engager dans la construction de dispensaires et d'écoles en assurant le transport de médicaments, de tonnes de lait en poudre et d'articles de classe.

Pour l'agriculture, *Alas de Esperanza* transporta des semences: maïs, fèves, riz, et des animaux: poulets, dindes, chèvres et veaux. Un développement bien équilibré, grâce à l'aviation humanitaire et à la radiocommunication fournies par Wings of Hope, était assuré. J'étais heureux pour les *campesinos* du Honduras et fier des membres de Wings of Hope. Chacun de nous avait une âme humanitaire...

Je voudrais terminer ce chapitre par une anecdote intitulée: «Un numéro de téléphone sauva la famille de Jaime Ocampo».

Le 7 décembre 1980, l'avion de Wings of Hope de Saint Louis et le pilote durent quitter le Guatemala à cause des agissements des forces armées locales. Par radio, Fabian Perez, le coordinateur, avait averti les coopératives agricoles que j'effectuais un dernier vol: priorité aux malades. De la piste de Resurreccion, on m'avisa qu'Argelia souffrait d'une attaque aiguë de malaria. Je décollai de Resurreccion avec son époux Jaime Ocampo et ses enfants, Diana et Kenneth.

Avant d'atterrir à Santa Cruz del Quiche, Jaime me demanda mon numéro de téléphone à Montréal. Je le lui notai sur un bout de papier. Il le mit dans son portefeuille.

Huit mois plus tard, le 25 août 1981, mon épouse Ruth reçut un appel de Toronto:

— Je me nomme Jaime Ocampo. Je suis un ami de Guy d'Ixcan. Les soldats m'ont fait prisonnier et j'ai été sauvagement torturé. À l'occasion de son dernier vol, Guy m'a donné votre numéro de téléphone. Je vous prie de m'aider pour quelques semaines.

— Pas de problème, Jaime, répondit Ruth. Tu es le bienvenu. Guy est actuellement au Honduras comme pilote. Viens par autobus à Montréal. Je te rencontrerai à la station de métro Berri-de Montigny, au terminus des autobus Voyageur.

Ruth installa Jaime au sous-sol de notre maison. Il parla durant des heures des mauvais traitements subis:

— On m'a fait prisonnier et, les yeux bandés, on m'a emmené en hélicoptère je ne sais à quel endroit. J'ai reçu des coups de poing au visage, des coups de pied dans les côtes, au sternum et dans l'estomac. On m'a fouetté avec des fils de cuivre et j'ai saigné de tout mon corps. J'ai reçu des chocs électriques, on m'a couvert de miel et de fourmis rouges. On me soupçonnait d'être communiste et *guerillero*...

Parler de ses souffrances le fit pleurer mais soulagea son cœur.

— La Providence a voulu que cette petite feuille de papier avec votre numéro de téléphone ne m'ait pas été confisquée. Tous mes autres documents ont disparu, raconta Jaime.

Ruth présenta Jaime à la communauté chrétienne dans laquelle nous étions très engagés. Il s'agit de la communauté chrétienne de Saint-Albert-le-Grand des pères Dominicains. Nous nous y étions joints immédiatement après notre mariage, y trouvant du réconfort spirituel... Le groupe avait grandement coopéré à l'occasion du tremblement de terre au Guatemala le 4 février 1976. Les responsables de la communauté écoutèrent avec émotion le récit de la vie de Jaime à Ixcan ainsi que son incarcération et sa torture par les soldats. Le père Laurent Dupont offrit alors d'aider Jaime Ocampo et sa famille.

La communauté chrétienne paya le coût des billets d'avion d'Argelia et des deux enfants pour les faire venir au Canada, puis les aida auprès d'Immigration Canada à établir leur statut de réfugiés. On leur loua un appartement pour un an. Jaime se trouva un emploi permanent dans une entreprise qui installe des balances et devint plus tard chauffeur de camion.

Jaime, Argelia son épouse et leurs cinq enfants sont canadiens. Même si la famille Ocampa était de religion évangéliste, la communauté chrétienne de Saint-Albert-le-Grand leur a ouvert son cœur. L'amitié et l'aide humanitaire, comme la nourriture, le vêtement et la compassion, sont la base qui crée la confiance et l'espoir en une vie meilleure. Nous revoyons souvent la famille Ocampo. Un lien très fort nous unit:

— Nous étions dans le besoin, vous étiez accueillants et vous avez partagé ce que vous aviez. L'amour et l'espoir demeurent aussi longtemps qu'un numéro de téléphone donné sur un bout de papier...

Chapitre 9

Envol vers le *Papagallo* et la *Calypso*

– **E**st-ce possible de parler à Guy Gervais? Ici Dominique Sumian de la Société Cousteau à New York. Guy est-il là? C'est urgent!

Ruth, perplexe et surprise, m'appela et me transmit le message. Je rappelai Dominique Sumian aussitôt.

Voici en résumé la teneur de ses propos:

«Par Wings of Hope de Saint Louis, nous avons entendu parler de vous comme étant un pilote comptant 5 000 h d'expérience sur flotteurs (18 000 au total) et un mécanicien d'aviation de grande expérience. Le commandant Jacques-Yves Cousteau demande votre coopération pour la plus grande expédition scientifique jamais entreprise dans le monde: aller de la source de l'Amazone dans les Andes du Pérou jusqu'à Belem (Brésil) à l'embouchure de l'océan Atlantique. Avez-vous des empêchements?»

— Non, lui répondis-je. La santé est excellente, mes licences de la FAA valides, mais je suis sous contrat avec Wings of Hope au Pérou.

L'arrivée des flotteurs amphibies de l'équipe Cousteau au Pérou.

— Pas de problème Guy, ton bureau chef te détache pour un nouveau contrat avec la Société Cousteau pour quatre ans, dit Dominique. Prépare-toi à partir de Lima pour New York dans quelques jours. Je te contacterai probablement le soir. Merci, Guy. Bienvenue à la Société Cousteau.

Quelle affaire! Quelle surprise! Ma vie de nomade continuait.

En novembre 1981, Wings of Hope avait offert un Cessna 206 aux Franciscains de Satipo (Pérou), m'assurant ainsi un contrat de cinq ans dans ce pays. En mars, j'en effectuais le transfert à partir de l'aéroport de Saint-Hubert (Québec) grâce aux bons soins de Leblanc Aviation, qui m'avait prêté une partie du hangar pour repeindre l'avion aux couleurs de l'œuvre humanitaire: blanc, rouge et ligne noire avec les lettres et chiffres *OB-M-1026*. Le père René Desourdy, mes parents, des amis et les enfants se rendirent à l'aéroport de Saint-Hubert pour assister à mon envolée vers Iquitos et Satipo. Ruth et les enfants pour leur part prendraient un vol de Canadien Pacific entre Montréal et

Lima, une fois que je serais arrivé au Pérou. Tout se passa comme prévu.

Le vol de transfert se déroula selon ces étapes: Saint-Hubert, Albany, Saint Louis, New Orleans, Tampico, Tegucigalpa, Panama, Cali, Iquitos et Satipo (Pérou).

J'accueillis ma famille à Lima 12 jours plus tard. J'avais loué une maison près du collège San Felipe, tenu par les Franciscains, où Paul et Gabriel devaient étudier. Claudia, âgée de trois ans, resterait à la maison. Ruth était heureuse de se retrouver avec sa famille.

Et voilà qu'en avril 1981, quelques semaines après notre installation, la Société Cousteau, basée à New York, m'engageait. Ils sont bien à plaindre ceux qui ont une vie sédentaire...

L'entraînement de Pierre Lajeunesse et de Phoebe Kingscote fut court: une semaine. Heureusement qu'ils étaient des pilotes de brousse-nés. Il fallut un avis favorable de l'évêque et des dignitaires religieux pour permettre que Phoebe, une femme, puisse piloter à Satipo... Q'allaient penser les gens, surtout les hommes? Toute la tradition séculaire indienne s'écroulerait avec cette innovation amenée par Wings of Hope. Dans l'esprit humain, il était ancré depuis des millénaires qu'une femme n'avait pas à voler, et surtout ne pouvait piloter dans la jungle péruvienne. Mais en 1981, un changement s'effectua dans ce domaine.

Après quelque temps, les indigènes péruviens, surtout les femmes, applaudirent et n'hésitèrent pas à clamer partout que Phoebe pilotait mieux que son mari, Pierre. Que dire!

Le 29 avril 1982, je me rendis à New York pour rencontrer la direction de la Société Cousteau, puis on m'envoya à Saint Paul (Minnesota) au hangar Wipaire préparer mon nouveau Cessna 206 Turbo, installer l'électronique et les flotteurs amphibies. Un bijou d'avion! Je procédai à des tests en vol, puis je me préparai à le transférer à Lima (Pérou), où je devais arriver au plus tard le 31 mai. Les vols se firent sans incident, puisque je pouvais atterrir autant sur l'eau que sur les pistes d'aéroport régulier et acheter du carburant. Le 1er juin à Lima, par la compagnie Faucett, le groupe Cousteau avait reçu beaucoup de matériel d'expédition provenant de Miami ainsi que les photographes pour l'expédition. Deux camions Iveco-Fiat terrestres et un autre amphibie avaient atteint Lima par voie maritime, en provenance d'Italie.

Le commandant Jacques-Yves Cousteau remontait déjà l'Amazone avec son célèbre bateau scientifique, la *Calypso*, de Belem jusqu'à Iquitos. Dominique Sumian dirigerait l'équipe terrestre et aérienne de la source de l'Amazone dans les Andes près d'Arequipa, au glacier Mismi, utilisant l'avion amphibie, baptisé *Papagallo* (perroquet), puis l'expédition descendrait l'Apurimac à Cuzco, le fleuve Yucayali, le Maranon et enfin, l'arrivée à Iquitos pour une rencontre historique.

La *Calypso* et le *Papagallo*

Le professionnalisme de chacun était requis dans ce type d'expédition. Le 4 juin, les caméras commencèrent à tourner. Le président du Pérou, Ingeniero Fernando Belaúnde Terry, fit un discours éloquent sur l'écologie et le respect de l'environnement dans son pays. L'expédition était lancée. J'avais emmené Ruth et les enfants faire un tour d'avion au-dessus de Lima. Quel honneur pour eux! La mascotte, un perroquet en plastique vert, rouge et jaune placé près du pare-brise dans la cabine, les fit sourire.

Le matin du 5 juin, le *Papagallo* s'envola vers Arequipa avec trois photographes. Nous survolâmes les lignes de Nasca. Cinq heures de vol. Arequipa deviendrait ma base d'opération pour le mois, puisque la source de l'Amazone commence au glacier du mont Mismi, à 3 960 m d'altitude. Grâce au moteur turbo, je pouvais monter rapidement et voler très haut pour assurer ma mission: photos, exploration et transport des personnes-ressources.

Les camions prirent la route de Lima vers Arequipa et le mont Mismi. L'objectif était que l'équipe Cousteau escalade le glacier, où le soleil le fait fondre goutte à goutte pour former la source du grand fleuve Amazone. On y planterait le drapeau aux couleurs de la Société Cousteau arborant la *Calypso* et celui de tous les membres de l'expédition. Ainsi, en mon honneur, le drapeau canadien fut dressé.

La montée du glacier fut ardue malgré l'expérience de l'équipe. Le 18 juin à midi, les photographes, à bord du *Papagallo* et d'un hélicoptère des forces aériennes du Pérou, prirent des clichés historiques. Quatre alpinistes chevronnés atteignaient la cime à la source de l'Amazone.

Par la radio du *Papagallo*, je communiquai la grande nouvelle au bateau *Calypso* et au commandant Jacques-Yves Cousteau:

— Mission accomplie! Ascension Mismi réussie! Le drapeau de la *Calypso* est sur le sommet du mont Mismi, source du plus grand fleuve au monde: l'Amazone.

Un jour, alors que j'étudiais les cartes avec le groupe Cousteau, on m'indiqua un lac:

— Pourrais-tu essayer un amerrissage sur ce lac pour étudier la qualité de l'eau et les poissons qui peuvent s'y trouver?

Quelle aventure! Ce lac se trouvait à 3 350 m d'altitude. Cependant, je m'y posai facilement et fis rapport de mon amerrissage. J'avais peu de fret, mais les réservoirs étaient remplis de carburant pour quatre heures d'autonomie. Je tournai en rond cinq minutes pour prendre de la vitesse et faire des vagues sur ce fameux lac. Le moteur chauffait. J'attendis sur la grève une heure pour qu'il refroidisse, espérant que le vent se lèverait. De justesse, je décollai au bout du lac. Impossible d'organiser une expédition par avion dans ce coin, mais le camion amphibie pourrait s'y frayer un chemin (peut-être).

L'équipe scientifique de Cousteau voulait étudier les conditions de l'eau à la source et tout l'environnement lacustre: poissons, plantes, oiseaux, animaux terrestres et êtres humains. Déjà, des chercheurs d'or et d'argent creusaient dans ces régions et Cousteau décela du mercure et de l'arsenic dans l'eau.

Puis, il fut temps d'amorcer la descente de l'Amazone vers Cuzco et les rapides de la rivière Apurimac. Des plongeurs partirent en reconnaissance sous-marine. D'autres professionnels descendirent les tumultueux rapides et les torrents écumants en kayak. Quel risque! mais rien n'est trop beau pour le cinéma!

Avec les portes arrière du *Papagallo* ouvertes et un photographe bien attaché assis les jambes pendantes dans le vide, je survolai les différentes ruines près de Cuzco, puis le fameux site du Machupichu semblable à deux pains de sucre. Ces photos ont souvent été utilisées pour la promotion touristique du Pérou.

Les vols en altitude sont épuisants et mon système respiratoire s'asséchait. Je demandai quatre jours de repos à Lima afin d'en profiter aussi pour voir la famille. Je revins avec Ruth, qui emmena la famille Cousteau faire du tourisme et lui expliqua les coutumes incas.

LUISIANA APURIMAC

Dominique Sumian était un homme de logistique grand, très fort et surtout fier.

— Lorsqu'on me donne des renseignements valables, je ne fais jamais d'erreur, aimait-il à répéter en souriant.

Les camions Fiat de Cousteau, venus par la route à travers les montagnes, furent déchargés de leur précieux fret: les boudins de caoutchouc que Dominique devait assembler pour construire un immense radeau propulsé par deux moteurs hors-bord de 75 chevaux. De Cuzco, des scientifiques vinrent à bord du *Papagallo* jusqu'à Luisiana participer au départ de ce radeau qui devait rencontrer la *Calypso* sur le Maranon, l'Yucayali et l'Amazone trois mois plus tard.

Des scientifiques étudiaient les plantes, les oiseaux, les poissons et prenaient des échantillons d'eau du fleuve et du plancton. Le parc Manu près de Puerto Maldonado est renommé pour la quantité de ses oiseaux rares.

Mon travail de pilote-mécanicien me tenait occupé 12 h par jour. Je ravitaillais l'équipe avec légumes, viandes et caisses de vin par douzaines. Vive les Français! Pucalpa était un aéroport pour les avions à réaction. Des passagers de l'équipe y arrivaient ou repartaient. Souvent, on me confiait des films et des échantillons scientifiques à transporter. Je partais avant le lever du jour sur le fleuve pour arriver à temps et prendre un vol commercial pour Lima avec les précieuses

La ferme et la maison paternelle à Saint-Hugues.

Cessna 185
Kiunga, Papouasie, en 1961.

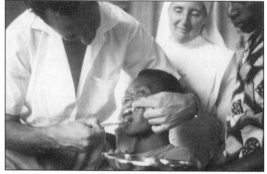

Dentiste *emeritus*
Kiunga, Papouasie,
en 1960.

Fondateurs de Wings of Hope
Paul. J. Rodgers, George E. Haddaway, Joseph G. Fabick,William D. Edwards.

Urgence médicale à Punta Gorda, Belize.

valises qui devaient être expédiées à Los Angeles ou à New York. À Lima, un représentant de Cousteau prenait en charge les valises et je retournais à Pucalpa; de là, je remontais à bord du *Papagallo* pour aller retrouver les membres de l'expédition sur le fleuve Yucayali.

M. Livingstone et M. Stanley auraient apprécié mon *Papagallo* dans leurs expéditions aux sources du Nil et du fleuve Zaïre...

CUTIVERENI: ÉTUDE DES COUTUMES DE LA TRIBU ASHANINKA

À Cutivereni, sur le Yucayali, l'équipe Cousteau passa trois semaines chez les Indiens ashaninkas pour étudier leurs mœurs et coutumes, leur façon de pêcher et de chasser, de cultiver les fruits et les légumes. Naissance, initiation, mariage, culte des morts sont autant de sujets d'ethnologie passionnants. De plus, ils étudiaient tout ce qui était relié de près ou de loin à l'eau et aux rivières. C'est beaucoup! Grâce au service humanitaire de Wings of Hope, j'avais fait la connaissance du père Mario Gagnon, franciscain et franco-américain. En plus d'offrir l'hospitalité au groupe Cousteau, il leur servit d'interprète. Le sujet était si passionnant qu'on m'envoya avec *Papagallo* chercher le commandant Cousteau sur sa *Calypso* entre Manaus et Laeticia, à neuf heures de vol de là, afin qu'il soit présent pour parler du film et poser pour la postérité avec son célèbre bonnet rouge.

Sur les petites rivières, dans les méandres où le courant est le moins rapide, les Indiens de Cutivereni fabriquent un petit barrage en branchages. Grâce aux rameaux du *barbaso,* qu'ils brisent pour en laisser couler la sève car elle a la propriété d'endormir les petits et les gros poissons, leur pêche est miraculeuse. En quatre minutes, grâce à ce stratagème, les poissons flottent sur le dos et les Indiens n'ont plus qu'à les ramasser à la main, en quantité suffisante pour leurs besoins. Puis, ils ouvrent le barrage. Quinze minutes plus tard, les poissons reprennent leurs sens. Jusqu'à la prochaine pêche!

L'idée de conservation et de propreté est très ancrée dans les mœurs des Indiens. Ils ne détruisent pas, ne polluent pas le sol ou les rivières, et cela depuis des milliers d'années. La propreté est une grande caractéristique des Amazoniens: maison, terrain et, bien sûr, leur propre personne.

Ces Amazoniens vivant au pied des Andes et aux sources de l'Amazone sont reconnus comme la tribu la plus forte du Pérou. Avant l'arrivée des Blancs, ils n'étaient jamais malades: pas de rhume ni de pneumonie, ils avaient le cœur solide et on ne leur connaissait pas de maladies congénitales.

Comme les Witotos dans la région d'Iquitos, ils ne connaissent pas la dépression nerveuse ni le désespoir. Vivant en communauté, ils mangent tous à leur faim, rotent pour manifester leur satisfaction, expriment à tous leurs joies ou leurs peines. Tandis que dans nos grandes villes, l'individu se retire dans l'isolement au quatorzième étage d'un édifice à appartements sans manifester ses joies, ses espoirs, ses échecs ni ses tristesses… Nos sociétés cultivent l'anxiété jusqu'à nous rendre dépressifs, nous faisant décrocher de la vie, de la réalité.

Barbaso: arbuste que les Indiens de Cutivereni utilisent pour les aider à prendre le poisson.

TINGO-MARIA: PRODUCTION DE LA COCA

Surprise pour les membres de l'équipe Cousteau, les producteurs et commerçants les invitèrent à faire une étude scientifique de la coca: l'or blanc.

Grâce au *Papagallo*, le groupe Cousteau atterrit à Tingo-Maria pour trois jours. On filma les plantations d'arbustes qui produisent la feuille de coca, puis les paysans qui en faisaient la cueillette, puis le paiement de leurs feuilles de coca mises en sacs de 40 kilos. Les commerçants les payaient bien... en dollars. Puis, on filma le fameux procédé de fabrication de la drogue: les feuilles de coca sont mises dans des bassins de ciment, le paysan y dépose de l'acide sulfurique et de la chaux. La solution est remuée quotidiennement durant environ 15 jours. Un liquide blanchâtre cristallisé se forme alors: de la coca concentrée. Ces cristaux sont broyés en fine poudre blanche dont 20 % sera utilisée comme calmant, par exemple afin d'engourdir une dent pour une extraction sans douleur ou pour insensibiliser un membre avant une chirurgie avec une anesthésie locale.

Cette fine poudre blanche appelée or blanc peut aussi être aspirée par les narines comme nos grands-pères prisaient le tabac. Aujourd'hui, certains riches prisent la coca à l'aide d'un billet de 100 $.

La cocaïne peut se mélanger à l'eau distillée, puis être aspirée dans une seringue pour une injection directe dans les veines. Elle produit de l'euphorie, des hallucinations, de la somnolence. L'accoutumance à cette drogue est presque instantanée.

En soi, la feuille de coca est un stimulant. Les chasseurs partent dans la jungle sans nourriture, mâchant seulement de la coca pendant quatre à six jours. Ils survivent avec de l'eau. La feuille de coca se prend en tisane pour donner de l'énergie aux passagers descendant d'avion ou d'autocar à Cuzco. La tisane est un stimulant pour le cœur et un diurétique.

À Laeticia (Colombie), on filma le plus grand centre de distribution de la cocaïne en poudre dans le monde entier. Cette ville est située à la frontière de la Colombie, du Brésil et du Pérou, sur le fleuve Amazone. Bien gardé par des hommes et des femmes armés de mitraillettes, ce centre est très moderne: des dizaines de radio-émetteurs permettent une communication permanente (de jour et de nuit) avec Hong Kong, Singapour, Paris, Londres, Montréal, New York, Miami, Los Angeles. Il s'agit aussi d'un centre d'expédition par bateau et avion. L'équipe Cousteau avait obtenu la permission de filmer.

Nos policiers du Canada et des États-Unis font du cinéma médiatique lorsqu'ils prennent un suspect avec un kilo de cocaïne, alors qu'à Laeticia des tonnes de cette drogue circulent librement. Le commerce de la coca restera très important tant que les Occidentaux en consommeront...

Le paysan péruvien a abandonné la culture des fruits, du maïs, des légumes pour cultiver la feuille de coca. Il est payé, ce qui lui permet d'acheter à son tour sa nourriture, ses vêtements et la fameuse boîte électronique (la radio) qui le fait rêver d'un autre monde qu'il ne connaîtra jamais... Donc, la production de la coca a induit un immense changement dans la vie de milliers d'Amazoniens.

L'Amazonie est immense: des Andes à l'océan Atlantique. La jungle abrite de grands arbres, des oiseaux, des parasites, des orchidées dont une partie seulement a été identifiée. L'Amazonie, c'est le poumon de notre monde.

L'oxygène que nous respirons vient en grande partie de la végétation produite par ces immenses forêts que sont l'Amazonie, le Zaïre, l'Indonésie et la Nouvelle-Guinée. L'Arctique, l'Antarctique et les océans ne produisent pas d'oxygène pour nos poumons.

Le commandant Cousteau avait donc réuni sur son bateau des cerveaux, des docteurs du Pérou, du Brésil et de la Colombie, pour des recherches sur l'eau, les plantes, les arbres, les poissons, les oiseaux et les habitants, sur l'écologie et l'environnement de l'Amazonie.

Le résultat des recherches du commandant fut présenté au gouvernement de chacun de ces pays, aux multinationales qui ont le pouvoir financier et l'influence politique nécessaire pour conserver l'Amazonie en état afin que les futures générations puissent vivre encore sur notre planète.

Ses recherches, filmées, sont devenues des documentaires divertissants et éducatifs présentés sur les chaînes de télévision du monde entier car traduits en plusieurs langues.

Qui peut s'imaginer le volume d'eau à l'embouchure de l'Amazone? La jungle reçoit 6,35 m de pluie par an.

Le plancton produit par la végétation qui descend le fleuve Amazone sert de nourriture aux poissons fluviaux. À Belem, les courants d'eau douce et le plancton remontent vers le nord en direction de Miami, de Boston, de la Nouvelle-Écosse et de Terre-Neuve, où vivent des bancs de crustacés et de poissons de toutes sortes (homards, morues, requins, baleines).

S'il advenait qu'un jour le volume d'eau de l'Amazone diminue, nous pourrions dire adieu à la pêche commerciale de l'Amérique du Nord.

Les équipes de la *Calypso* et du *Papagallo* se rencontrèrent près d'Iquitos. Quelle célébration!

Puis le *Papagallo* emmena l'équipe Cousteau étudier les mœurs des Witotos à trois heures de vol d'Iquitos près de la frontière de l'Équateur. On emmena le chef papa Cush-Cush à Iquitos puis à Lima en avion commercial pour y rencontrer le président Belaúnde afin de plaider la cause des Indiens et la protection de leur territoire.

Les compagnies pétrolières foraient des puits dans la jungle, mais les résidus de leurs extractions descendaient les rivières, tuant au passage la flore, les poissons et les crocodiles et détruisant les territoires de chasse que les Indiens fréquentaient depuis des milliers d'années...

— L'être humain que l'on croit si intelligent détruit la planète, me confia le commandant Cousteau un soir, au souper, dans un hôtel à Manaus. Nous devenons des victimes sans défense de son immense appétit de pouvoir et d'argent.

Avec le *Papagallo*, je fis la navette entre la *Calypso* et les villes de Benjamen Constant, Manaus, Santarem et Belem durant des mois.

Un livre relatant cette expédition de l'Amazone fut publié par la Société Cousteau. Je vous conseille de le lire. C'est très passionnant et instructif. Ne manquez pas également de regarder les huit grands films tirés de cette expédition. Fantastique!

Je voudrais terminer ce chapitre en remerciant la Société Cousteau de m'avoir fait participer par mon métier de pilote-mécanicien à la plus grande exploration de ma vie. Je considère cela comme un honneur et un privilège.

M. Jacques-Yves Cousteau était un homme extraordinaire, rempli de sagesse. Il avait une force de caractère, de logique et de décision sur son équipe. Il était toujours assuré du succès.

Manaus, 6 h du matin, M. Cousteau arrivait de Paris pour filmer. Il arborait toujours son bonnet rouge. Je garai le *Papagallo* près de la porte où venait de s'immobiliser le Boeing 747 d'Air France. Lorsque Jacques-Yves Cousteau descendit, les journalistes et leurs caméras de télévision étaient nombreux.

— Quel est le plan de votre journée et le but de votre visite? demanda un journaliste.

— Mes chers amis, répondit-il, je viens prendre deux dauphins pour en étudier les caractéristiques et la santé. Nous les mettrons dans un petit lac prévu à cet effet et après quelques jours nous les relâcherons. Depuis une semaine, notre équipe travaille sans succès pour capturer un dauphin, mais aujourd'hui on va réussir!

Je pris sa valise et il monta à bord du *Papagallo*.

— En route vers les dauphins, Guy, vite!

La *Calypso* était ancrée à 2 h 30 à l'est de Manaus. Une équipe de trois Zodiac hors-bord parcourait les marais.

— Ici le commandant Cousteau! *Calypso, Calypso* m'entendez-vous? lança-t-il sur la radio de bord du *Papagallo*.

— Bienvenue, mon commandant! répondit-on.

— Aujourd'hui, nous prendrons deux dauphins, je vous le garantis. Avertissez les équipes d'utiliser toute leur expérience, de se concentrer, et transmettez-leur mon message par VHF.

Je lui fis un clin d'œil signifiant qu'il promettait un peu trop fort.

— *Calypso*, mon pilote Guy doute de mon pouvoir.

— Pas du tout, monsieur Cousteau, lui dis-je rapidement. Je me réjouirai avec vous.

Après deux heures de vol au-dessus de la jungle et de l'Amazone, la radio retentit de cris de joie.

— Nous avons capturé un dauphin dans nos filets, cria l'opérateur radio de la *Calypso*.

— Félicitations! Quelles sont les coordonnées et le cap à prendre? Bon! C'est dans un grand marais à 40 km de la *Calypso*. Allons-y, *Papagallo*!

Sous nos ailes, nous vîmes une fusée lumineuse et fumante: un Zodiac.

— Pouvez-vous prendre le dauphin à bord de l'avion? lança Dominique.

— Certainement! Si Guy peut amerrir et redécoller avec.

Je me posai près du Zodiac. On nous filma, le dauphin, Jacques-Yves Cousteau et moi. Quelle joie! Le dauphin pesait 200 kilos. Monter ce poisson sur les flotteurs puis dans l'avion n'était pas évident. Après bien des efforts et avec beaucoup d'habileté, voilà le précieux passager à bord. Un seau d'eau fut aussi hissé dans l'avion pour humecter sa peau durant les 30 min de vol jusqu'à la lagune préparée pour le recevoir.

À peine avions-nous débarqué le premier dauphin au nez en forme de bouteille qu'un cri de joie retentit à la radio: «Nous avons un dauphin!» C'était l'autre équipe qui avait réussi à son tour.

— La volonté, c'est puissant, Guy, me lança le commandant Cousteau en me rendant mon clin d'œil...

Je me rappellerai cette aventure jusqu'à la fin de mes jours.

L'expédition de l'Amazonie se termina en mai 1984. La Société Cousteau lança une autre expédition sur le Mississippi qui dura jusqu'en mai 1985 avec un arrêt durant l'hiver. Je ramenai le *Papagallo* de Belem (Brésil) à La Nouvelle-Orléans. Une fois encore, je me joignais avec joie à l'équipe Cousteau. Vous pourrez lire le récit de cette expédition Cousteau sur le fleuve Mississippi jusqu'à sa source au Missouri dans le livre que la Société Cousteau y a consacré.

Chapitre 10

Envol vers le Belize

La famille Gervais vivait heureuse à Lima (Pérou), sur l'Avenida Arequipa. À l'époque des expéditions de la Société Cousteau, je pilotais trois mois dans la jungle, puis toute l'équipe prenait trois mois de vacances. Magnifique! Ruth était heureuse à Lima avec les enfants et ses parents. Paul, Gabriel et Claudia grandissaient et faisaient de bonnes études au collège des Franciscains canadiens. Le bonheur parfait!

Puis en octobre 1984, les expéditions avec le groupe Cousteau prirent fin. Qu'allais-je faire de ma vie désormais?

— Je suis un pilote libre, annonçai-je un jour à M. Bill Edwards, de Wings of Hope. Auriez-vous un projet pour moi?

— Tu appelles au bon moment! s'exclama-t-il. Peux-tu nous rendre un service pour quatre mois à Belize? Le pilote vient de nous quitter. L'avion t'attend sur la piste.

— Mon bon nomade trotteur va encore nous quitter, lança Ruth. Tu vas nous manquer. Bonne chance!

Urgence médicale à Punta Gorda, Belize.

Et me voilà au Belize pour une inspection d'un bijou d'avion: un Maule, avec moteur de 235. J'appris aussi que cet avion privé était un don de B.T. McManaus de Lander, Montana, qui se trouvait maintenant trop âgé pour piloter.

McManaus se vantait d'être le seul homme d'Amérique du Nord à avoir tué deux chevreuils d'une seule balle. Pour ma part, le don de son avion est son plus grand mérite.

Je ne fus pas surpris de constater que, au Belize comme partout où j'eus à piloter, le transport par route était inexistant. Comme le service aérien humanitaire assuré par Wings of Hope était sous la supervision du ministère de la Santé et du Développement, nous eûmes beaucoup d'urgences médicales et de transport de personnes-ressources. L'efficacité des médecins, infirmières, professeurs et ingénieurs est accrue de façon considérable grâce à un avion. Aucun vol ne ressemble à un autre. Je me souviens d'un cas qui a vraiment marqué mon esprit...

Le tout commença un matin de décembre, de très bonne heure, lorsque le radio-téléphone sonna à 5 h 30 dans la pension où je vivais.

— Monsieur Guy, un de vos amis a été abattu à Punta Gorda, me lança grand-maman Cano, très nerveuse.

— Allô, Guy, dit la voix au téléphone, je suis Regina Chiac, une infirmière de la clinique de Punta Gorda. Cette nuit, on nous a amené un homme qui a reçu une décharge de fusil de calibre .12 dans une jambe. On l'a battu et il a un bras ainsi que la clavicule cassés. Sa jambe saigne énormément. C'est URGENT.

— Regina, je suis peiné d'apprendre la nouvelle; dites au patient de tenir bon. Je décolle tout de suite et je serai probablement chez vous vers 7 h. Comment est votre météo: pluie, nuages ou ciel bleu?

— Il fait frais, répondit-elle. À l'horizon, le soleil est sur le point de se lever, c'est brillant. L'ambulance Land-Rover sera sur la piste pour vous attendre.

En prenant mon café et du pain grillé préparés par grand-maman Cano, je réfléchis à l'efficacité de notre réseau de radio et à la précision du rapport météorologique donné par une garde-malade... de quoi réjouir le cœur d'un capitaine d'Air Canada...

URGENCE, UNE JAMBE TROP LONGUE

Les réservoirs du Maule étaient toujours tenus pleins; l'ambulance volante ne mit donc qu'une heure pour atteindre Punta Gorda: il en faut 16 par voie terrestre en camionnette. La longue civière fut glissée doucement hors de l'ambulance

Land-Rover et déposée au sol près de l'avion, pendant que Regina l'infirmière tenait la bouteille de sérum et inspectait les bandages.

Tout allait pour le mieux jusqu'à ce que je regarde la jambe gauche de Martin, notre blessé. Dans la jungle, pour soutenir la jambe et le genou, les gens avaient fabriqué une attelle avec une béquille et du bandage collant. Le problème était que la béquille dépassait de plus de un mètre le pied de Martin.

«Comment cet avion va-t-il transporter un patient qui mesure maintenant plus de trois mètres?» pensai-je.

Pendant que je me triturais l'esprit pour résoudre le problème et cherchais dans l'ambulance quelque outil pour couper la béquille, la situation se compliqua. De vigoureux volontaires prirent Martin dans leurs bras et essayèrent de l'enfiler dans l'avion. Imaginez le drame! Martin cria à fendre l'âme tandis qu'un bout de béquille dépassait toujours de l'avion.

— Combien coûte une paire de béquilles? demandai-je.

— Trente dollars, me répondit un volontaire. Coupons la béquille et le problème sera réglé.

Comment trouver une scie aux petites heures du matin? Piqués par la curiosité, les gens qui se rendaient travailler aux champs vinrent voir. Regina remarqua une dame qui tenait une machette à la main, sans doute pour travailler dans son jardin. Elle la lui emprunta. Philippe, le chauffeur de l'ambulance, saisit la machette et criant: «Attention!» donna quelques coups secs et rapides sur la béquille pendant que Martin hurlait de douleur.

— Mission accomplie, monsieur le pilote, dit-il en me donnant le bout coupé. Vous pourrez réclamer des béquilles neuves au ministère de la Santé.

Revenu à sa taille normale, Martin fut installé confortablement sur un matelas de mousse de l'avion et l'infirmière Regina ajusta le débit de son sérum avant d'embarquer à son tour. Un policier se joignit à nous, expliquant gentiment à Martin qu'on le soignerait bien à l'hôpital dans une heure.

J'appris plus tard que les traitements sauvèrent la vie de Martin malgré sa jambe criblée de plomb. Il put remarcher normalement. Le son de l'avion au Belize... Wings of Hope sauvait toujours des vies.

Après avoir entraîné un nouveau pilote sur le Maule, en février 1985, je rejoignis ma famille à Lima pour profiter des belles plages de l'océan Pacifique qui m'offraient une vue vers des terres inconnues... infinies.

Chapitre 11

Envol avec Avions Sans Frontières

Pendant mon séjour au Belize, les dirigeants de Wings of Hope reçurent la visite de Robert Gonneville, des frères de l'Instruction chrétienne de La Prairie (Québec). Ce groupe soutenait des missionnaires au Zaïre, au Rwanda, au

Guy Gervais et Robert Gonneville, Cessna 206 pour le Zaïre, Afrique.

Burundi, en Ouganda, au Kenya et en Tanzanie, en Afrique centrale. Un urgent besoin d'un service aérien humanitaire se faisait sentir à Dungu, dans le Haut-Zaïre.

Les frères, coopérant avec des laïcs engagés activement dans le travail missionnaire, avaient leur société: Avions Sans Frontières (ASF). Wings of Hope de Saint Louis s'était engagé à leur fournir trois Cessna 206. Wings of Hope souhaitait qu'en tant que Canadien je sois impliqué dans la promotion d'ASF et me demanda de séjourner au Zaïre afin de m'assurer que les objectifs et la sécurité soient respectés dans l'opération de pilotage de brousse.

En mars 1985, je quittai Saint Louis pour Montréal à bord d'une Chevrolet donnée par Wings of Hope. Je me rendis au bureau d'ASF, sur la rue Holy Cross.

Je me souviendrai toujours du chaleureux accueil de Robert Gonneville et de sa communauté. Évidemment, pour le comprendre, je devais me pencher un peu, mais il était clair dans les explications sur mes responsabilités futures. Il m'expliqua les objectifs d'Avions Sans Frontières et son plan pour en assurer la promotion à travers le Canada. Je compris qu'il n'y a pas d'âge pour apprendre un nouveau métier...

À la maison des frères, j'occupais une chambre privée mais partageais la vie communautaire et les repas. Je pense encore aux fameuses tartes au sucre du cuisinier, M. Huart...

Mon premier travail fut de contacter des gens d'aviation pour former une liste de membres, puis des services communautaires comme les Clubs optimistes, le Rotary et les Chevaliers de Colomb afin de créer des activités pour des collectes de fonds.

En bon capitaine Bonhomme, je visitais les aéroclubs de la région. Avec l'aide de Charlotte Comeau, secrétaire à

Leblanc Aviation de Saint-Hubert, nous avons organisé des circuits en avion pour chaque samedi et dimanche dans les différents aéroports autour de Montréal. Les mois de mai et de juin furent remplis. Je voudrais remercier la première secrétaire d'ASF, Marie Roy, pour son aide indispensable. Elle préparait les envois postaux expliquant les objectifs d'ASF et les premiers vols de notre Cessna 206 au Zaïre.

Pour la promotion de ces circuits aériens, je me servais de photos et d'articles dans la presse afin d'inviter le public à venir admirer la ville de Montréal du haut des airs. Le printemps est un temps idéal et, pour seulement 10 $ par personne, cela en valait le coup. Évidemment, j'expliquais mon travail de pilote de brousse et racontais ma vie dans les divers pays où j'avais travaillé. J'avais été le pilote personnel du commandant Jacques-Yves Cousteau durant ses expéditions. On m'affubla vite du sobriquet: «homme de la jungle».

PROMOTION D'ASF À TRAVERS LE CANADA

Le 27 juin 1985, une grande surprise me fut faite. L'oncle Bill Edwards arriva à Montréal. En Cessna 337, M. Edwards de Wings of Hope Saint Louis et le capitaine Clancy Hess, pilote retraité d'American Airlines, atterrirent à Saint-Hubert pendant qu'on proposait des tours d'avion. M. Edwards décida de prêter ce Cessna 337 à Avions Sans Frontières pour trois mois, en vue d'une promotion de l'œuvre humanitaire à travers le Canada. Ce Cessna sera comme un brise-glace. Quel avantage! Dès le début, de bonnes fées se penchaient sur le berceau d'Avions Sans Frontières.

Le frère Robert Gonneville, directeur général de ASF, avait le don particulier d'attirer de dévoués supporters qui n'hésitaient pas à se lancer dans diverses activités pour ramasser des fonds: par exemple un nage-o-thon de 24 h à l'hôtel *Méridien* du Complexe Desjardins à Montréal; un Festival de la tourtière organisé par le frère Luc Frénette à Saint-Romuald, près de Québec. De même, un nage-o-thon annuel avait été organisé à Jonquière, grâce aux bons soins de la famille Arseneault.

Jean-Pierre Massé, directeur des projets ASF, me procura un budget pour deux mois de vols promotionnels en Cessna 337. Je faisais face à un défi sans plan précis: une ligne droite Montréal – Vancouver – Halifax – Montréal qu'il faudrait revoir au fur et à mesure des événements.

En quelques jours, Robert Gonneville, Marie Roy et moi-même avons préparé 800 dossiers promotionnels concernant ASF en français et en anglais. Robert me prépara une lettre de recommandation et me fournit les adresses d'amis en dehors du Québec: la quasi-totalité étaient des adresses de communautés religieuses. Charlotte Comeau me procura des adresses d'aéroclubs et de représentants locaux de la société Cessna. J'avais contacté la COPA (Canadian Owners and Pilots Association), puis la CALPA (Canadian Airlines Pilots Association) pour dresser une liste de membres permanents.

Au ministère des Transports, j'ai failli avoir une déception frisant la catastrophe... Le Cessna 337 portait un numéro d'enregistrement américain car il appartenait à Wings of Hope Saint Louis. Comment obtenir la permission de voler au Canada pendant trois mois comme représentant d'ASF?

— Vous ne pouvez pas voler avec cet avion au Canada, me répondit un représentant officiel de Saint-Hubert.

Triste et penaud, je me rendis à Dorval pour plaider ma cause:

— Je suis canadien et possède mes licences de pilote aux États-Unis et au Canada, expliquai-je à un représentant du gouvernement. Je ne fais pas de vols commerciaux. Wings of Hope et Avions Sans Frontières sont deux organismes humanitaires qui œuvrent dans le tiers-monde et j'ai plus de 20 000 h de vol à mon actif. J'ai même été pilote pour Jacques-Yves Cousteau.

— Je ne trouve rien dans nos règlements qui régissent les vols humanitaires, me répondit l'homme après consultation avec Ottawa. Vous ne volerez donc ni comme touriste ni dans un but commercial.

Je sortis avec une permission spéciale de vol valide dans tout le Canada. Il n'y a rien de facile. L'heure était grave.

Le 2 juillet 1985, le frère Robert et moi chargions les 18 boîtes pour la promotion d'Avions Sans Frontières à travers le pays. On se serra la main. Je le vis s'éloigner dans sa petite Renault décapotable... et je décollai de Saint-Hubert avec le Cessna 337 de Wings of Hope vers Cornwall, Kingston, Peterborough, Oshawa, Toronto, Brantford, Hamilton, Thunder Bay, Winnipeg, Regina, Calgary et Edmonton.

Avec un billet gratuit de la ligne Canadien Pacifique, Robert Gonneville vint me rejoindre à Calgary pour évaluer nos nobles efforts. À Edmonton, les sœurs Grises de mère d'Youville étaient responsables des missionnaires à Dungu (Zaïre). À Falher, les familles du frère Richard Doyle et de Norman Rainville, missionnaires au Zaïre, promirent d'instaurer une activité annuelle pour amasser des fonds.

Rêve ou réalité, voici Robert et Guy au-dessus des Rocheuses en route vers Vancouver et l'île Victoria. Robert rendit visite à des parents et à des amis de Pierre Lajeunesse et de Phoebe Kingscote (le couple que Les Ailes de l'Espérance avaient entraîné au Pérou et qui maintenant pilotait le premier Cessna 206 à Dungu, au Zaïre).

Nous étions en route pour l'Opération Icebreaker, première tentative pour informer et inciter des Canadiens à nous aider dans nos efforts pour secourir des gens isolés et moins favorisés que nous au Zaïre. Nous organisions des projets durables en santé, en éducation, en agriculture, pour fournir des puits et des pompes pour l'eau potable et le développement en général.

Grâce à mon expérience personnelle, je pouvais expliquer l'importance de l'avion et des radiophonies pour ces gens démunis. Les efforts des personnes-ressources en étaient allégés lorsque venait le moment de rejoindre les gens vivant au cœur de la jungle et des savanes.

Notre but était de convaincre les compagnies privées, clubs et groupes religieux de monter une activité annuelle de collecte de fonds. ASF remportait déjà de bons succès: nage-o-thon, dégustations de vin, défilés de mode, Festival de la tourtière, tours d'avion. Des sections étaient formées et confiées à une directrice qui relevait de la direction générale d'ASF à Montréal.

Robert aima tellement ce genre de promotion qu'à peine de retour à Montréal nous repartîmes vers l'est du Canada en Cessna 337: Québec, Rimouski, Saint-Honoré, Rivière-du-Loup, Moncton et Halifax. On semait l'information d'ASF du mieux possible. Le frère Robert expliquait ce que les courageux missionnaires accomplissaient, tandis que je relatais mes expériences en service humanitaire dans différents pays pendant les 25 dernières années.

LE GERME DE LA PROMOTION

Quelques projets débouchèrent rapidement sur une collaboration. Certains se concrétisèrent dans les mois suivants ou encore des années plus tard. Pour d'autres, enfin, rien ne se passa. C'est toujours le risque que l'on court lorsqu'on sème.

Au Festival des montgolfières de Saint-Jean-sur-Richelieu (Québec), j'avais monté un beau stand ASF sous la tente. J'y avais affiché des agrandissements, la documentation écrite s'était améliorée et, extraites de mon album personnel, j'avais exposé d'attrayantes et éloquentes photos de Papouasie, du Pérou et du Guatemala. Des photos prises aux côtés de Cousteau sur les fleuves Amazone et Mississippi étaient aussi offertes au regard des curieux.

Le stand attirait des centaines de gens; c'était de bon augure! Claude Chamberland, un homme d'affaires de Valleyfield, examina avec une attention soutenue toutes les photos et les commenta à ses amis.

— Je suis un pilote de fin de semaine, me dit-il, à l'aéroport de Vaudreuil.

Il effectuait aussi des séjours au Rwanda pour son entreprise, qui effectuait des travaux d'adduction pour fournir de l'eau potable aux habitants de ce pays.

— Enchanté de vous rencontrer, Claude, lui dis-je. Prenez votre temps. L'aviation a énormément apporté à notre planète au cours du XXe siècle. Les jungles ont évolué, en mieux je l'espère!

— J'ai une suggestion intéressante pour ASF qui pourrait amener beaucoup d'argent au moulin, me dit-il, confiant. Organiser une loterie avec une automobile de prestige comme une Cadillac, une Lincoln, une Ferrari en premier prix. Les gens vont être attirés par le mot *prestige*. Vous pourriez vendre des billets à 25 $ ou 50 $ chacun avec une limite de plus ou moins 2 000 billets.

— C'est une bonne idée, lui répondis-je. Je vais prendre note de votre suggestion et, qui sait? Laissez-moi votre carte de visite et Robert Gonneville vous contactera peut-être.

Dans mon rapport quotidien, j'insérais toujours les cartes de visite avant de déposer le tout sur le bureau de la secrétaire.

Deux ans plus tard, j'entendis dire que Claude Chamberland, Robert Gonneville et Jacqueline Masse tentaient d'obtenir un permis pour le genre de tirage dont l'homme d'affaires m'avait parlé: 2 000 billets à 100 $ pièce. Le premier prix était une automobile Mercedes-Benz. Depuis 1987, tous les ans, Jacqueline Masse réactualise le fameux tirage à travers le Canada.

Le 11 octobre 1985, la famille Gervais déménagea du Pérou à Brossard, sur la rive sud de Montréal. Ce fut une décision difficile pour Ruth de quitter son pays et sa famille.

— Guy, quand va donc finir ta vie de nomade? me demandait-elle.

— Ma bien-aimée Ruth, seulement lorsque Abraham mourra... Souviens-toi, il a toujours émigré pour survivre, lui répondis-je, en souriant.

J'ai beaucoup de reconnaissance envers Robert Gonneville et Jean-Pierre Massé pour m'avoir guidé dans ce nouveau travail de promotion et pour l'achat de notre maison à

Brossard. L'homme de la jungle retournait à la civilisation et avait besoin des conseils d'administrateurs diplômés. Heureusement, ces bons amis étaient présents pour aider la petite famille Gervais.

Même si je savais qu'il serait difficile pour Ruth de quitter le Pérou, les circonstances à venir prouvèrent que ce fut une sage décision. La situation politique au Pérou avec le Sentier lumineux n'était pas rassurante et d'autant plus difficile pour nous que nos enfants étaient canadiens.

Nos humbles possessions et la famille arrivèrent donc par la ligne Canadien Pacifique, sur un vol Lima-Toronto-Dorval. À notre arrivée, nous reçûmes encore une fois de l'aide de bons amis. Le frère Lionel Trudel conduisit gentiment Ruth et les enfants à notre nouvelle demeure, tandis que Léon Gonneville vint avec sa camionnette et sa remorque pour transporter nos effets personnels. Tout le monde était très aimable envers nous. J'avoue que ce n'était pas facile de tout recommencer encore une fois.

Notre nouvelle maison était confortable et chacun des enfants a eu sa chambre. Derrière la maison, il y avait un jardin et un grand parc municipal qui permettait aux enfants de courir et de pratiquer leurs sports favoris: soccer, baseball, et patin en hiver. Le grand Mail Champlain se trouvait à cinq minutes de marche et trois lignes d'autobus passaient au coin de notre rue.

«L'endroit idéal, me dis-je. Les beaux jours sont revenus…»

Chapitre 12

Envol vers le Zaïre

Mon travail de promotion d'Avions Sans Frontières au Canada me plaisait. J'aimais rencontrer les gens, organiser des stands pour les Clubs optimistes et les Chevaliers de Colomb à l'occasion de leurs réunions annuelles. Je faisais aussi des conférences auprès des associations d'aviation comme la COPA et Pilotes de brousse. On

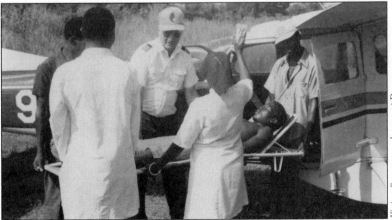

Victime d'une morsure de serpent à Doruma.

179

m'enviait d'avoir connu de telles expériences. C'était bon aussi d'être auprès de ma famille.

Ma vie de missionnaire-pilote me manquait. Dans la vie, il y a toujours une première fois et une dernière fois. Cette hantise de la dernière fois fait réfléchir et influence les pensées et les actions... Robert Gonneville, que je considère comme un homme très sage, sans mentionner sa... sainteté, connaissait très bien mes valeurs et pouvait lire en moi comme dans un livre ouvert. Il me demanda si pour trois ou quatre mois j'accepterais de piloter au Zaïre. Quelle question!

Les pilotes Pierre Lajeunesse et Phoebe Kingscote s'apprêtaient à quitter Dungu (Zaïre) pour des vacances, après deux ans de pilotage. Je sautai sur l'occasion et... sur mes contacts: le SACO (Service administratif canadien outre-mer), qui m'avait tant aidé pour le Guatemala.

Le SACO accepta de parrainer mon séjour au Zaïre en finançant mon billet d'avion Montréal-Bruxelles-Kinshasa-Isiro et une partie de mes dépenses sur place: une aide de 5 000 $. Toute ma vie, j'ai toujours constaté qu'au moment crucial où mon âme criait: «L'heure est grave!» un événement, une personne, un groupe m'apportait la solution. Une intelligence supérieure devait planifier tout ça...

À Dungu (Zaïre).

PREMIÈRE ENVOLÉE EN AFRIQUE

Pierre et Phoebe avaient laissé le Cessna 206 9Q-CQB sur la piste de Goma dans les montagnes, à l'est du Zaïre. On me souhaita la bienvenue avec une commande de 500 kilos de légumes, et me voilà pour la première fois en Afrique, reliant Goma-Bunia-Dungu, une envolée de 4 h 30 min au-dessus d'un paysage inconnu. En vol, je me rappelai la conférence d'un missionnaire des pères Blancs, avec sa longue barbe, alors que j'étudiais au séminaire à 18 ans... Ce rêve devenait réalité pour moi à l'âge de 55 ans.

C'était la première fois que je pilotais en Afrique et je n'avais pas idée de l'immensité de ce territoire. C'est vaste, croyez-moi; j'en étais émerveillé et rempli d'émotion. Le Zaïre, jadis connu sous le nom de Congo belge, couvre 2 345 000 km² au centre de l'Afrique, sur l'équateur. C'est un territoire vert avec des jungles luxuriantes. Le Zaïre est aujourd'hui connu sous le nom de République démocratique du Congo.

Le 18 juin 1987, à mon arrivée à Dungu, je fus surpris de trouver ce que je considère comme une base absolument idéale pour un service aérien humanitaire et de développement.

«Quelle merveille! pensai-je, un vrai bijou!» On avait construit un grand hangar pouvant abriter deux Cessna 206. Sur le mur, un tableau noir indiquait la planification mensuelle des vols avec les lieux et les jours; on y trouvait aussi une grosse balance pour les passagers et le fret. Derrière se trouvait un atelier bien organisé avec compresseur à air, coffre d'outils, table de travail et une bonne réserve de pièces de rechange. Le gérant des lieux s'appelait Masta.

À gauche, on voyait le bureau du directeur des opérations, Ndombe Sesele, et la salle de radio HF-SSB et VHF. Adjacente au bureau, on apercevait une salle d'attente pour les passagers et d'entreposage du fret.

Mon intérêt se porta sur la maison du pilote nouvellement construite, entourée de gros palmiers et située seulement à 30 m du hangar. En cet endroit éloigné qu'est Dungu, j'arrivais sur la meilleure base d'aviation humanitaire au monde. Je le dis en connaissance de cause. Un capitaine d'Air Canada ne pourrait pas être mieux traité... Sincèrement, je félicite les dirigeants d'Avions Sans Frontières pour leur considération de la sécurité et du bien-être de leurs pilotes et mécaniciens.

En quelques jours, le service aérien prit son rythme habituel avec des vols de 30 min à 2 h de Dungu, notre centre d'opérations et réserve d'avgaz. Les pistes de brousse étaient bien construites et sécuritaires parce que le diocèse employait un bulldozer et une niveleuse Carterpillar pour l'entretien des routes. Les villageois en profitaient pour faire égaliser leur piste d'attcrrissage ou en construire une. Ici, le développement avançait plus rapidement que dans les autres pays où j'avais travaillé. Deux semaines plus tard, je me considérais presque en vacances tellement le pilotage et l'entretien de l'avion se révélaient faciles.

HISTORIQUE D'ASF À DUNGU

Le soir, je discutais avec les missionnaires, les frères de l'Instruction chrétienne et les gens du village. J'enregistrais et je m'instruisais.

—Ndombe, je te félicite pour l'organisation d'ASF et pour ton travail de chef de file, commençai-je. Franchement, dans tous les postes, je n'entends que des éloges sur ton service aérien.

—Mon cher Guy, répondit-il, ce ne fut pas toujours ainsi. Pierre et Phoebe ont structuré le service et établi ce climat de confiance. Ils étaient de vrais pilotes de brousse-nés... Évidemment, les Zaïrois ont été surpris de voir Phoebe, une femme, monter sur les ailes pour mettre de l'avgaz et décoller seule avec des passagers pendant que Pierre restait au sol... «Incroyable! Cela ne se peut pas!» murmuraient les gens au sol.

Je racontai à Ndombe la vie de Pierre et Phoebe au Pérou avec Wings of Hope: faire piloter une femme avait exigé une réunion de l'évêque et de ses sages missionnaires... Cela reflétait un esprit vraiment macho... Ndombe renchérit avec des situations encore plus cocasses sur les débuts d'ASF à Dungu.

Le premier pilote, Jean-Maurice Drolet, un policier de Trois-Rivières, vint en janvier 1985, en même temps que le premier Cessna 206 donné par Saint Louis. Accompagné d'un pilote de brousse belge, le premier pilote canadien eut tellement peur de la jungle qu'en arrivant à Dungu il donna sa démission et retourna au Canada. Le choix des pilotes de brousse par ASF n'était pas très «scientifique» à cette époque, semble-t-il...

Avant de partir, ce fameux pilote montra au frère Gaétan Arsenault, le provincial, comment lancer le moteur de l'avion et suggéra de rouler doucement sur la piste une fois par semaine pour neutraliser l'humidité de l'avion, jusqu'à ce qu'un autre pilote vienne.

Gaétan avait tellement peur d'oublier sa première leçon d'aviation au bout de la semaine qu'il décida le jour suivant de lancer le moteur pour tester ses nouvelles connaissances. Attention tout le monde! Hélas! lorsqu'il activa le démarreur, le moteur roula à plein régime et instantanément les cordes de nylon attachées aux ailes et à la queue et ancrées au sol se bandèrent. Le sable se soulevait sous l'action de l'hélice dans un vacarme infernal, une vraie tempête saharienne. Le hangar était en construction et le nez de l'avion à deux mètres d'un mur de briques. Gaétan appuya de toutes ses forces sur les freins, pensant: «C'est terrible. Je vais faire un beau grand trou rond dans le mur de briques. Peut-être vais-je mourir sans avoir prié...»

Heureusement, les cordes résistèrent à ce test exceptionnel et tout à coup Gaétan se souvint de la commande de contrôle «throttle». Nerveusement, il réduisit le régime et reprit les rênes de son bronco rebelle... Gaétan raconta que durant les six mois suivants, il fit régulièrement des cauchemars et se réveillait en sueur: il voyait une hélice forant un trou dans le mur ou le plafond de sa chambre à coucher... La grande imagination des natifs du Lac-Saint-Jean est reconnue!

À partir de 1987, ASF m'envoya au Zaïre deux fois par an. Je fis un séjour de cinq mois à Kananga, pour aider le service missionnaire de Mgr Bakole avec un Cessna 180 et un Partenavia, qui est un bimoteur fabriqué en Italie pour six passagers.

En 1987, ASF et Wings of Hope envoyèrent un second Cessna 206 pour assurer un service humanitaire à Goma. Sylvain Boucher pilota durant deux ans dans cette région montagneuse. En mars 1989, je le remplaçai pendant trois mois.

Pour décrire l'œuvre d'Avions Sans Frontières et son impact sur la solidarité et le développement durable chez les habitants du Haut-Zaïre, je voudrais décrire mes activités de 1987 à 1996: santé, radiocommunications, éducation, missionnariat, agriculture, eau potable, et Médecins sans frontières.

SERVICE DE SANTÉ

Notre service aérien humanitaire au Zaïre couvre une variété de besoins, mais le plus critique – généralement le plus réconfortant – est de répondre aux urgences médicales. Ces vols sont toujours gratuits. Comme dans la vie, la majorité des cas se terminent bien. Bien sûr, un patient pouvait mourir, mais au moins nous avions fait l'effort de tenter de sauver des vies et compati aux souffrances et au traumatisme des familles.

En juillet 1990, un vol d'urgence se fit pour une jeune femme nommée Ngbaka mordue par un serpent à Bangadi. L'infirmière avait appliqué le tourniquet et utilisé une pierre noire poreuse qui aspire le venin, mais le bras était enflé et la femme souffrait beaucoup. Il nous fallut une demi-heure d'avion vers Dungu, au lieu des huit heures par jeep. À l'hôpital, le médecin injecta de l'antivenin, mais n'obtint pas de résultats positifs. Il décida d'amputer le bras, mais pour cela la permission de la famille était nécessaire. Avertis par radio, les parents refusèrent par ignorance... Une semaine plus tard, ils donnèrent finalement leur accord, mais l'amputation ne fit que provoquer la mort de la dame: le poison avait fait son œuvre dans tout son corps et il était trop tard. Avec l'avion d'ASF, je ramenai le corps à Bangadi avec famille et amis pour l'enterrement.

Un autre jour, de Ndedu, j'assurai un service d'urgence pour un garçon de 12 ans qui souffrait d'une infection due au tétanos. Son père l'accompagna mais, malgré les soins intensifs, le patient mourut quelques jours plus tard.

Heureusement, d'autres appels d'urgence eurent de meilleurs dénouements. Je transportais Amadi, un homme de 30 ans souffrant d'une infection au pied gauche. L'odeur se dégageant de cette plaie était tellement insupportable avec la chaleur dans l'avion que j'ai fumé ma pipe durant tout le vol d'une heure pour conserver ma bonne humeur... Heureusement, l'intervention chirurgicale réussit.

Un appel de détresse parvint par radio à ASF; le fameux chasseur Makilingbo, natif de Ndedu et bien connu dans la région, avait été encorné par un buffle blessé. L'estomac de l'homme avait été ouvert, comme tranché net par un couteau, et l'infirmier avait appliqué des bandages sur son torse pour tenir les intestins en place.

Le vol dura 20 min dans un confort relatif pour le patient comparé aux 6 h qu'il aurait dû endurer pour un transport sur civière en jeep. Une chirurgie professionnelle fut pratiquée sur Makilingbo, qui retourna deux mois plus tard à son métier d'aventurier après avoir promis de se montrer plus prudent. Ndombe me raconta comment on chasse le buffle. Dans les parcs nationaux, il y a des milliers de buffles mais ils sont protégés. Dans la jungle, il y en a beaucoup et ils voyagent par troupeaux de 10 à 30. Les chasseurs utilisent des filets, des chiens et des lances. Ils tirent des filets entre des arbres puis, pourchassant les buffles, ils dirigent à l'aide des chiens un ou deux buffles dans un passage en entonnoir de sorte que le buffle sera bloqué par un des filets. Rapidement, le chasseur tire ses lances pour atteindre le cœur de l'animal. Ces bêtes sont immenses, pesant jusqu'à 900 kilos. Leur tête est surmontée d'un puissant panache de cornes. Même les lions les craignent. Une fois blessé, le buffle poursuit son agresseur. Voilà comment Makilingbo fut blessé.

Un vol médical toucha aussi la famille de notre apprenti mécanicien, Masta Minahenda, et de son épouse, Kutibangile. Leur petit garçon, appelé Nelson en l'honneur de Nelson Mandela, développa une sérieuse infection aux yeux et on le transporta à Doruma pour consulter un ophtalmologiste. Il fut traité aux antibiotiques et recouvra la vue. L'avion prit 1 h 15 min pour s'y rendre, tandis que le voyage par route en aurait demandé 30, avec les complications de la maladie et celles que peut engendrer l'état des routes.

Évidemment, durant mes 10 ans de pilotage au Zaïre, bien des urgences médicales furent signalées. Avec confiance, bien des gens furent transportés avant d'atteindre le seuil de l'urgence; c'est ce qu'on appelle de la médecine préventive. L'amélioration de la qualité de vie de ces gens moins favorisés et isolés est en grande partie due aux avions d'ASF et aux communications par radio. Ces deux moyens ont presque fait des miracles, en plus de créer un climat de confiance et d'espoir. Wings of Hope...

SERVICE DE RADIOPHONIE

Réalisez-vous l'importance qu'a le téléphone dans votre vie quotidienne au Canada ou en d'autres pays développés?

Dans les endroits isolés, Avions Sans Frontières a mesuré l'importance d'un système de communication par radio. La base d'aviation à Dungu était bien équipée. Une radio Kenwood 440S HF-SSB servait uniquement pour l'aviation: météo, urgence médicale, demande de vols et suivi de l'avion en vol.

Une seconde HF-SSB servait pour les communications dans la région du Haut-Zaïre et même à Kinshasa, Kisangani, Goma et Kananga. Cette radio pouvait servir à la population et aux différents ministères (Santé, Éducation, police), aux commerçants, aux missionnaires catholiques et protestants. Sans frontières...

Les radios fonctionnaient sur des piles de 12 volts DC qui se rechargeaient le jour grâce à des panneaux solaires. Pour la lumière et le compresseur, nous faisions fonctionner une génératrice diesel de quatre kilowatts qui activait aussi un chargeur de piles.

Une radio HF-SSB était installée dans la maison d'un missionnaire qui gardait contact avec le centre, et ce, pour chaque piste.

De temps en temps, à Dungu, par une journée de pluie ou durant l'entretien des avions, pour reposer mes vieilles jambes je venais m'asseoir à la salle de radio et je réalisais la diversité des appels, leurs impacts sur la vie des villageois: ils n'étaient plus isolés.

Kolo, l'opérateur, s'installait à son poste tous les jours de 7 h 30 à 17 h 30. Il pouvait communiquer avec nos stations du Zaïre, mais aussi avec les missions à Bujumbura (Burundi) et Kigali (Rwanda). Quelle merveille!

—Je suis toujours occupé, me dit Kolo. Heureusement que Masta et Ndombe ont la gentillesse de prendre la relève si je dois m'absenter. De plus, ils aiment jaser avec leurs amis, apprendre les petites histoires de village. C'est humain, n'est-ce pas, monsieur Guy?

Un matin de novembre 1994, j'observai qu'au moins 25 personnes, arrivées à pied, à bicyclette et en motocyclette, envoyaient ou recevaient des messages par radiotéléphone. Ces appels concernaient les vols programmés sur nos 14 pistes de brousse et une variété de sujets.

Kolo me dit qu'à 10 h 30 il y aurait une radio-conférence médicale et de fait voici mon bon ami le Dr Nembunzu qui arrivait en jeep.

—Kisangani, je suis le Dr Nembunzu de Dungu. Comment ça va?

—Dungu, ici le Dr X... à Kisangani. Je vous reçois parfaitement.

—Dungu ASF, je suis le Dr Y... à Kinshasa. Vous avez un problème particulier?

—Oui. Un missionnaire âgé de 74 ans est tombé en motocyclette. J'ai diagnostiqué une commotion cérébrale. Son visage et son bras droit sont paralysés.

La conversation-consultation continua ainsi pendant 25 minutes. La décision fut prise: l'avion d'ASF transporterait le blessé à Isiro, puis par ligne aérienne Scibe-Zaïre jusqu'à Kinshasa, avec possibilité d'un vol par Sabena vers Bruxelles la nuit même. Quelle vitesse et quelle efficacité pour le Haut-Zaïre!

— Quand je raconterai cette urgence à ma grand-mère, elle ne me croira jamais, me dit Kolo en souriant.

Les infirmières utilisaient beaucoup la radiotéléphonie pour consulter un collègue ou un médecin, pour commander des vaccins ou des médicaments. Nous avions une glacière portative portant l'inscription «Urgent-Fragile» que Ndombe lui-même veillait à mettre sur l'avion. L'utilisation combinée de la radio et de l'avion donnait un service efficace.

RADIOTÉLÉPHONIE POUR L'ÉDUCATION

Pour le système scolaire de brousse, la radiotéléphonie jouait un rôle primordial. Un matin à 8 h, le directeur de l'éducation de la région, M. Meduna, se présenta à la salle de radio. Ses lunettes et sa démarche me firent comprendre que j'avais affaire à un intellectuel. Évidemment, on lui donna priorité. J'appris que tous les responsables d'école en brousse se rendaient à la radio des missionnaires pour recevoir des instructions et les nouvelles concernant l'éducation: matériel de classe, examens d'État, transferts de professeurs, salaires et programmation de la future visite de l'avion d'ASF.

L'éducation est la clé pour améliorer le standard de vie des gens isolés, pour compléter leur sagesse séculaire. Dans la région de Dungu, le frère Gaétan Arsenault était le directeur du système scolaire du diocèse, qui regroupe 150 écoles de brousse et 23 écoles secondaires pour une population de 400 000 habitants. C'est énorme! La population du Zaïre est estimée à 53 millions d'individus. Gaétan gardait toujours contact avec des professeurs et souvent l'avion d'ASF le déposait dans une région pour une semaine afin de lui permettre de guider et d'encourager les professeurs dans leur tâche ardue. Beaucoup de matériel de classe était transporté par avion.

Je me rappelle qu'un jour Denis Ouellet, un assistant bénévole de Gaétan, prit la décision de transporter une tonne de cahiers, de livres et de crayons en camionnette Toyota vers Doruma, à 30 h de route. Ndombe et moi lui avions offert l'avion qui revenait avec du fret, mais il trouvait le transport trop cher.

— Bon voyage, Denis, lui dis-je. Je te souhaite du soleil, mais n'oublie pas ta pelle et des hommes pour pousser...

Trois jours plus tard, Gaétan n'avait pas de nouvelles de Denis ni de sa cargaison.

Tout se clarifia une semaine plus tard.

— Guy, on vient de recevoir un appel radio de Denis, me dit Ndombe. Il vient d'arriver à Doruma... à pied. Un mécanicien ira avec toi à Doruma pour réparer la Toyota dont la transmission s'est brisée. Denis reviendra avec toi: il a une forte attaque de malaria.

Le vol se fit sans problème et le soir, dans la maison du pilote, Gaétan, Ndombe, Masta et moi-même, sirotant une bière froide Skoll, nous écoutions les aventures de Denis traitant sa malaria à la quinine et à l'eau...

«Les 15 premières heures de route, nous raconta Denis, se firent sans problème. Durant la nuit à Bangadi, un orage laissa des torrents d'eau sur l'étroite route et combla les trous. La profondeur de ces trous était imprévisible. Quatre fois, avec mes deux accompagnateurs, il a fallu vider la Toyota pour se sortir de l'impasse. Hélas! la cinquième fois, je forçai trop le moteur: crac! la transmission ne fonctionna plus. Sous la pluie, j'engageai des gens du village pour transporter les livres et tout le matériel vers Doruma, à 12 h de marche. J'ai dû trop me fatiguer: le jour suivant, je faisais de la fièvre, cloué au lit... tandis que les professeurs et les écoliers faisaient sécher les cahiers, les livres et les autres fournitures scolaires. Hélas! les enfants ne pourront pas apprécier l'odeur d'un livre neuf et immaculé. Ces fournitures porteront toujours la trace de mon voyage. La prochaine fois, Guy, je prendrai l'avion... L'argent sera considéré comme secondaire... J'en ai eu pour mon rhume!

SERVICE POUR L'AGRICULTURE

Un après-midi pluvieux, j'entendis le bruit infernal d'une camionnette. Son pot d'échappement avait dû être arraché sur une route de brousse. Un costaud Zaïrois en descendit. C'était Edo, connu comme le cow-boy de Dungu. Il semblait pressé, alors tout le monde s'éloigna. Prenant le micro, il contacta la station de Bunia:

— Pouvez-vous contacter notre coopérative et demander de préparer pour le retour de l'avion d'ASF les articles suivants: 300 kilos de sel pour les vaches, des vaccins, du DDT contre les moustiques et des semences de maïs importées de Belgique? Pour le vol de jeudi, je vous prépare des petits plants de palmier, des bidons d'huile de palme et de beurre d'arachide et quelques sacs de riz (qui ne pousse pas dans les montagnes). Bien reçu?

— Tu peux compter sur notre coopération, Edo! fut la courte réponse qu'il reçut.

Profitant d'un jour de pluie aussi, Michel Lipombo, président de la coopérative agricole de Dungu, vint réclamer

15 min à la radio. Il écouta ses messages d'Isiro, puis fit sa liste: il commanda du matériel de construction, annonça les voyages de ses deux camions, demanda le prix du café, du riz et de l'huile de palme aux coops de Kisangani et d'Isiro. Il annonça son arrivée avec ASF le mardi suivant. Incroyable ce que la radiotéléphonie pouvait accomplir en 15 minutes. Il aurait fallu deux bonnes semaines pour faire la même chose par lettre ou par porteurs en bicyclette.

À la fin de l'après-midi, je félicitai Kolo pour sa patience et son efficacité. Je remarquai qu'il écrivait chaque message et les classait dans des boîtes placées comme dans un bureau de poste.

—Je dois bien m'organiser», me dit-il. Chaque message est important pour le destinataire, tout comme un rapport d'information sur la météo et la position de l'avion en vol. Vous vous souvenez de l'accident à Goma. Le pilote Normand Berger annonça par radio son départ de la piste de Goma à 8 h 45. Il devait rappeler 30 min plus tard pour préciser sa position et nous dire que tout était normal. J'attendis: 9 h 15, puis 9 h 30, pas de transmission. J'appelai Ndombe, qui prit les communications en charge. À 10 h, il plaça un appel d'urgence à la tour de contrôle de Goma, qui en avertit aussitôt d'autres avions. Les recherches se concentrèrent sur la position de ses 30 premières minutes de vol. On retrouva vite le lieu de l'écrasement, près du volcan.

— Et les secrets professionnels? lui demandai-je.

— Il n'y a pas de problème par ici. Nous partageons tout, nos joies, nos tristesses, nos problèmes et nos succès avec chacun et avec tous.

— Continue, mon cher Kolo, lui dis-je en le quittant. Je reviendrai pour une autre conversation un autre jour.

SERVICE AUX MISSIONNAIRES

Un jour, le père Roberto, un Italien procureur du diocèse, vint s'adresser à ses confrères missionnaires œuvrant dans la jungle. J'en perdis mon latin. On lui parlait allemand, hollandais, flamand, lingala, swahili, et par le ton de la voix tous les messages semblaient d'une importance capitale. Vraiment sans frontières que cette radiotéléphonie...

En général, les sociétés religieuses transmettaient des informations internes pour relater la bonne marche de leurs missions, pour commander du matériel, donner des informations sur les naissances, les mariages, les décès, les visites. Quand les supérieurs généraux voulaient les visiter, imaginez la logistique qui se mettait alors en branle, tout comme pour un premier ministre qui visite les villes dans son pays.

Le supérieur général des frères de l'Instruction chrétienne annonça sa visite dans ses missions pour un mois. Les Zaïrois voulaient voir un grand chef. Ils ne pouvaient manquer cela et c'était une bonne occasion pour fêter, chanter et danser. Ils voulaient aussi mettre en vedette leur grand chef avec chapeau et bâton sculpté dans la main droite. Tout fut bien planifié par Gaétan Arsenault grâce à des heures passées à la radiotéléphonie pour coordonner ces visites que seul l'avion d'ASF rendait possibles. Même le pilote-mécanicien vibrait: il devait être prêt avec son oiseau, autrement ce serait un fiasco!

Les missionnaires protestants étaient toujours les bienvenus dans nos salles de radio pour correspondre entre eux ou avec leur base à Nyankunde. Les avions de MAF (Mission Aviation Fellowship) venaient souvent à Dungu pour laisser ou pour prendre des passagers. MAF y avait sa réserve de carburant tout comme ASF avait la sienne à Nyankunde.

SERVICE DE L'EAU POTABLE

Pour une maman de nombreuses régions africaines, préparer une bouteille de lait avec de l'eau provenant d'un ruisseau ou d'un fleuve est monnaie courante avec ses conséquences: amibes et diarrhée pour le bébé. Puis viennent l'anémie et la malaria, et le bébé souffre. Beaucoup d'enfants naissent, de 8 à 10 par famille, mais seulement la moitié d'entre eux atteignent 12 ans. À l'époque, on estimait que l'incidence de 40 % des maladies dans le Haut-Zaïre pouvait diminuer par l'adduction de l'eau potable: les enfants surtout en bénéficieraient. Avions Sans Frontières-Canada était le maître d'œuvre: il fallait installer une pompe manuelle dans un puits creusé à la pelle à 15 m de profondeur.

Pendant mon séjour à Dungu en juin 1990, trois pompes données par la société Robbins de Brantford (Ontario) arrivèrent grâce aux efforts de M. Andy Hamilton. Deux Zaïrois furent responsables du forage d'un puits, de l'installation des pompes et d'assurer le respect de la population à l'égard de leur eau potable.

À Ngilimi, j'ai visité à plusieurs reprises le site de forage d'un puits à la pelle, comme ceux que nos grands-pères creusaient. Câbles, poulies et un homme avec sa pelle, voilà les outils. Au fur et à mesure que la terre est sortie, l'homme descend plus profondément. À 12 m, voici le gravier puis soudain de la belle eau claire. Les derniers trois mètres sont difficiles: le risque est grand. La coutume veut que le dernier

Un puits et sa pompe assureront l'eau potable.

ouvrier à terminer le forage du puits devienne maire du village... Une plateforme de ciment armée de fer est déposée sur le puits, puis la pompe est posée. Le chef du village et les missionnaires invitent alors les gens à fêter leur puits, qui leur assurera la santé pour bien des années à venir.

À Ngilimi, les enfants accoururent en toute confiance pour se désaltérer et les mamans remplirent leurs bidons de plastique d'une eau pure, saine et contenant des minéraux essentiels pour leurs bébés.

Je réfléchissais sur les efforts consentis par les gens du village pour obtenir cette eau potable. Dans nos pays, on n'a qu'à tourner le robinet. On ne réalise pas nos avantages... même avec le chlore!

SERVICE AUX RÉFUGIÉS DU SOUDAN

En janvier 1991, 70 000 réfugiés traversèrent la frontière sud du Soudan pour venir s'établir dans le Haut-Zaïre après huit ans de guerre civile dans leur pays. Le frère Lucien Fortin, un homme gentil, débrouillard et aimant l'action, contacta le

Haut-Commissariat pour les réfugiés, basé à Kampala (Ouganda). Immédiatement, on demanda à Médecins sans frontières de s'occuper de la logistique et d'envoyer des médecins et des infirmières.

Dungu, une petite ville de 30 000 habitants, fut bientôt envahie par 45 000 réfugiés soudanais: familles avec enfants, veufs et veuves, soldats blessés. Ils arrivèrent à pied avec leurs modestes biens. Quelques-uns amenaient des vaches, des chèvres et des porcs, mais la majorité n'avaient plus rien, ni nourriture, ni vêtements, ni argent. La misère noire!

Les uns s'installèrent dans les anciens hangars d'entreposage de coton. D'autres s'abritèrent en installant des tentes de plastique bleu sous des manguiers. Durant les orages tropicaux, ils étaient trempés et devinrent fiévreux et malades. Des éclairs frappèrent des familles qui cherchaient refuge sous les arbres. En deux semaines, la situation devint intenable. En ville, la nourriture vint à manquer et les gens luttaient contre la pluie, le soleil et les moustiques, le ventre vide. L'ancienne maison du gouverneur servit d'hôpital, mais le toit coulait comme un panier percé.

Au début, la population de Dungu partagea ses maigres possessions avec ses amis du Soudan, croyant la situation passagère, mais en avril une épidémie de malaria, de choléra et de variole se déclara.

Peu à peu, Avions Sans Frontières, avec Ndombe, le pilote Brendan Allen et sa femme Carole, s'engagèrent dans l'aide à la population, mais il fallait un plan d'ensemble, de l'argent pour les vols, du personnel qualifié et un mandat officiel du gouvernement du Zaïre et des Nations unies.

MÉDECINS SANS FRONTIÈRES

À la fin d'avril 1991, l'organisation française Médecins sans frontières intervint dans le Haut-Zaïre. MSF a été fondée en 1971 par neuf médecins et quatre journalistes à la suite d'une intervention d'urgence au Pakistan oriental pour offrir de l'assistance et des soins médicaux durant une inondation, et au Biafra à la suite de la guerre.

L'objectif de MSF est de répondre rapidement en cas de catastrophe ou de guerre par l'envoi de docteurs, d'infirmières, de cargaisons de médicaments et d'abris temporaires dans des conditions d'urgence comme des tremblements de terre, des inondations, des déplacements massifs de réfugiés à cause d'un conflit.

Le 28 avril, Brendan Allen lança une série de vols spéciaux entre Dungu et Entebbe (Ouganda). Les premiers médecins que transporta ASF furent Martine Guillot, Pascale Lafont et Claude Devestal. Ils affirment depuis avoir battu un record pour organiser les secours dans le Haut-Zaïre. Je suis fier de dire que le Cessna 206 d'Avions Sans Frontières (Canada), sur place à Dungu et prêt à voler, fit toute la différence...

Le fret de MSF fut transporté de France par avion-cargo jusqu'à Entebbe (Ouganda). Puis, une caravane de 16 camions se dirigea vers l'ouest de Dungu, accompagné d'un tracteur Carterpillar pour niveler les routes mal entretenues du Zaïre et désengluer les camions qui s'enlisaient dans la glaise rouge.

Pour faciliter les choses, les autorités civiles et religieuses convinrent de donner 2 000 acres de jungle aux réfugiés, près de la rivière Kaikai. Des centaines de haches et de pelles furent distribuées pour couper les arbres et nettoyer la brousse. Des tentes de plastique bleu de 10 m sur 30 furent installées pour abriter les réfugiés. Lorsque je vins en juin pour remplacer Brendan parti en vacances, je pus compter 35 grandes tentes bleues des Nations unies.

Je me considère comme privilégié d'avoir pu coopérer à l'établissement d'un camp de réfugiés durant ces quatre mois. Tous les dimanches après-midi, Ndombe et moi faisions notre visite amicale aux populations déplacées.

Pendant que les hommes nettoyaient le terrain et installaient les petites tentes familiales, les femmes ramassaient le bois pour cuire la ration de riz et de maïs et les deux boîtes de maquereau attribuées par famille. Heureusement, des sources d'eau potable furent trouvées par le père Thomas. Une tente de bonnes dimensions servait de dispensaire: les médecins purent commencer le recensement pour assurer la vaccination et veiller sur leur santé. On avait même pensé à ériger quelques tentes en guise d'école car il ne fallait oublier d'occuper les enfants. ASF transporta du matériel de classe en provenance de Entebbe (Ouganda). Les Soudanais parlaient l'anglais et des dialectes différents de ceux des Zaïrois, d'où une certaine confusion...

En ce temps de crise, le travail d'équipe et la coopération étaient portés à leur paroxysme. Ndombe et Kolo se tenaient à la radio huit heures par jour, en communication avec différents groupes humanitaires pour coordonner les vols d'ASF et les arrivées des camions de nourriture et de matériel. Le Cessna 206 d'ASF dépassa les 100 h de vol par mois durant cette période, transportant le personnel médical, des médicaments, des ingénieurs, des semences de maïs et de riz que plantèrent immédiatement les réfugiés dans leur nouvelle

Terre promise. La survie était le premier objectif de tous ceux engagés dans cette opération.

Le père Thomas, un missionnaire italien, marchait près de la rivière Kaikai avec son Y en fil de cuivre de devin pour trouver de nouvelles sources d'eau potable. On creusa quatre puits de 15 m de profondeur et on installa des pompes à bras. Les événements se précipitaient, l'heure était grave...

En septembre, nous pûmes enfin voir nos efforts couronnés de succès: les plants de maïs portaient trois gros épis, le riz arrosé par tant de pluie donna un bon rendement, les bananiers et les plants de manioc croissaient. Durant l'une de mes visites avec Ndombe, on nous invita à prendre un thé et des biscuits de maïs. Une vraie communion... Les enfants couraient, en santé, et le visage souriant des gens me fit comprendre qu'ils entrevoyaient une vie meilleure.

Pour démontrer leur reconnaissance et l'amitié qui les liait aux Zaïrois, les réfugiés construisirent une belle église de brousse pour toutes les confessions religieuses, afin de remercier l'Être suprême de leur avoir permis de survivre sur cette Terre promise.

Un souper fut offert aux volontaires de Médecins sans frontières et d'Avions Sans Frontières pour leur courage, leurs efforts et l'organisation bien orchestrée de cette difficile mission d'abriter et de soutenir 70 000 réfugiés en quatre mois.

La date de mon départ approchait. Un moteur et une hélice venaient d'arriver à Dungu. Le moteur de l'avion avait ses 1 500 h dans le corps et la compression sur un des cylindres était trop basse.

— Guy, comme les vols d'ASF sont au ralenti, Masta et moi avons décidé de changer le moteur et de procéder à une

inspection. Nous signerons les documents en tant que mécaniciens, m'avertit Ndombe.

Masta était notre apprenti mécanicien, un homme très
intelligent et habile. Il avait travaillé auprès de Pierre
Lajeunesse et de Normand Berger. Ndombe l'avait envoyé
trois mois chez MAF à Kinshasa et trois mois à Nairobi
(Kenya) pour y acquérir de l'expérience. Au cours de mes
séjours, je lui fis de plus en plus confiance. Nous avions
enlevé et remonté trois moteurs ensemble. Le quatrième
serait donc son examen. Je décidai de n'intervenir que s'il le
demandait.

Je m'appliquai à l'inspection du fuselage. Je décelai une
fine fissure dans le support du train d'atterrissage. Pas de
panique encore, mais je demandai à Ndombe de commander
le nécessaire de réparation à Montréal, chez Alain St-Pierre.
À son retour, Brendan rapporta la pièce et commença à

Une église de brousse.

201

enlever les nombreux rivets même s'il lui fallait prendre des positions d'acrobate...

Quatre jours plus tard, Masta et moi faisions le test en vol. Excellente nouvelle: le Cessna 206 d'ASF pouvait retourner à ses vols humanitaires pour les Zaïrois isolés et aider les personnes-ressources qui veillaient sur les réfugiés.

— Brendan, voici ton avion avec son nouveau moteur et sa nouvelle aéronavigabilité. J'ai fait de mon mieux, dis-je à Brendan en lui remettant les clés de l'appareil. Fais attention aux orages...

LE SAINT HOMME JOB SOUS UN MANGUIER

Le service humanitaire aérien d'ASF de Dungu fonctionna normalement avec l'avion et son excellent pilote de brousse Brendan. La radiotéléphonie marchait bien et les pompes pour l'eau potable aussi. Hélas! même le bonheur le plus parfait peut virer au cauchemar et tous ces efforts faits avec tant de bonne volonté volèrent en éclats lorsque les soldats de Mobutu firent irruption dans notre service d'aviation, le 3 février 1993.

J'étais de retour au Canada. Brendan venait de décoller d'Amadi, à une heure de Dungu, lorsque Ndombe l'appela sur la radio FH-SSB:

— Urgence, Brendan. Il y a du pillage à Dungu.

— Orage... Pas de problème, Ndombe, je retourne à Amadi pour la nuit. À demain! dit Brendan.

Brendan, qui n'était pas très fort dans la langue de Molière, avait confondu le mot *pillage* avec le mot *orage*.

Sans explication, Ndombe avait décroché la radio, la pile 12 volts et l'antenne pour se cacher dans la jungle, en Toyota. Il demanda à Carole, la femme de Brendan, et à sa propre famille de monter à bord pour fuir les soldats. Quelle heure interminable pour Carole... Elle avait confiance. Ndombe lui dit que son mari demeurerait à Amadi jusqu'à nouvel ordre, ne sachant pas que Brendan avait compris «orage» et non «pillage».

Le matin suivant, Amadi ne put contacter Dungu, mais Poko lança l'alarmant message: «Pillage des soldats à Dungu.»

—Ma femme est à Dungu! s'exclama Brendan, pâle et ébranlé. J'espère que rien ne lui est arrivé.

Plus tard, il apprit par un autre contact radio que Carole était en sécurité dans la jungle...

Quatre jours passèrent et le calme revint. Ndombe informa Brendan qu'il pouvait revenir à Dungu faire le plein d'essence, cueillir Carole et s'envoler directement pour Entebbe (Ouganda). Puis ASF et Ndombe prirent la décision d'arrêter le service aérien, comme l'avait fait MAF. Brendan et Carole rentrèrent définitivement à Vancouver. La peur avait été trop grande...

Les soldats de Mobutu étaient maigrement payés (5 $ par mois) et très peu éduqués. L'opération «débrouillez-vous» arriva. À Dungu, les soldats volèrent dans toutes les maisons des missionnaires, réquisitionnant à la pointe des mitraillettes les chauffeurs de véhicule pour les aider à charger les camions. La folie collective s'empara alors de Dungu et les gens pillèrent ce que les soldats laissaient. Le dépôt de la procure fut vidé. Le mystère pour moi est qu'il n'y eut pas de mort... un pillage propre.

Le hangar et la maison du pilote ne furent pas touchés à ce moment.

L'avion ASF était en sécurité à Entebbe, mais on hésitait avant de reprendre le service. Le 27 mars 1993, Robert

Gonneville m'appela de son bureau:

— Guy, tu es un homme courageux et tu connais le Zaïre. Ndombe pense que l'avion pourrait recommencer le service, me dit-il. Je te laisse le choix.

— Après deux mois de calme, je n'ai aucune hésitation, répondis-je à Robert. Je ferai demi-tour si c'est nécessaire... Dungu sera tranquille pour un an. Je vais essayer trois mois.

En ce temps-là, ma petite famille fonctionnait sur pilote automatique, que je sois présent ou non. Maintenant aussi grands que moi, les enfants se suffisaient à eux-mêmes avec leur carte d'autobus et de métro et tout près il y avait le Mail Champlain pour les achats.

Je me rendis à Entebbe par British Airways, d'où je repris le Cessna 206 d'ASF jusqu'à Dungu. La réception y fut chaleureuse et je m'installai dans la maison du pilote: le cuisinier Christophe m'attendait avec un repas de poisson. Les vols reprirent.

Le dimanche après-midi suivant, je remplis la Toyota d'enfants du voisinage qui, tout heureux de se promener, chantaient et tapaient des mains.

Mon premier arrêt fut à la maison de l'évêque en retraite Wilhem Van Den Elzen, mon bon ami qui s'est dévoué plus de 52 ans au travail missionnaire dans le Haut-Zaïre. Les enfants et moi trouvâmes Monseigneur assis à l'ombre d'un manguier... fumant un gros cigare hollandais et caressant sa généreuse barbe blanche. J'étais heureux de revoir ce sage et respecté personnage. J'ai toujours aimé converser avec lui et j'ai bénéficié de la sagesse qu'il savait si bien partager.

— Bonjour, monseigneur Wilhem, lui dis-je. Quelle joie de vous voir respirer le bon air et prendre la vie du bon côté!

— Bienvenue, Guy, répondit-il d'une voix énergique et chaude. Venez ici, on a le temps de jaser. Comment va votre famille et comment fut votre voyage? Je suis très heureux qu'ASF puisse recommencer les vols. Vous savez, à mon âge, 83 ans, je me sens seul et quelquefois, comme aujourd'hui, déprimé.

La dernière remarque de Wilhem me surprit beaucoup. Normalement, cet homme respirait l'enthousiasme.

— Ne vous en faites pas, monseigneur, lui dis-je pour placer un rayon d'humour, après l'orage et le pillage, le soleil brille. Je comprends que votre vie ait connu des hauts et des bas, mais dites-vous bien que le mariage a les mêmes côtés, et l'aviation aussi... Peut-être même avez-vous été un peu gâté. Je sais que vous avez travaillé très fort pour bâtir des écoles, des dispensaires et des églises. En retour, on vous a entouré d'amour et de respect. Vos prêtres, frères et sœurs vous aiment et vous admirent: un homme dévoué à Dieu et aux Zaïrois. Vous avez toujours été bon et humain avec tous.

— C'est vrai, Guy, répondit-il, mais le pillage de Dungu par les soldats et les paroissiens m'attriste beaucoup. Quelle influence de mon œuvre missionnaire reste-t-il dans leur cœur? Les hommes et les femmes ont assailli la mission en cette terrible nuit du 3 février 1992 et ont volé tout dans notre procure, notre maison et nos bureaux: farine, sel, sucre, savon, kérosène, équipement électronique, tout! Menaçant de la mitraillette, ils ont vidé la cuisine et les chambres et forcé les missionnaires à conduire les camions et la jeep pour transporter le butin, les chaises, les tables, les services de cuisine. Ils ont même arraché les portes et les châssis. Les soldats ont vidé ma chambre... Je n'en peux plus...

— Je suis certain que les chrétiens d'Europe feront une collecte de fonds pour restaurer la propriété de la mission, lui-dis-je, afin de mettre du baume sur ses peines.

— Réalises-tu Guy, dit-il, d'une voix remplie d'émotion et retenant ses larmes, réalises-tu que les Zaïrois qui ont envahi la mission étaient ceux que j'ai baptisés, confirmés et mariés? Ils venaient prier tous les dimanches en bons chrétiens, travaillaient fort dans leurs jardins pour vivre, venaient à la cathédrale pour se joindre à la communauté chrétienne. En 50 ans d'évangélisation ici, nous avons prêché la parole de Jésus-Christ, insistant sur la foi, l'espérance et la charité: «Ne vole pas les biens des autres, ne frappe pas, ne blesse pas, ne tue pas, respecte et aime ton prochain.» Maintenant, tu vois le résultat! Guy, tu m'as souvent dit que les Zaïrois ont suivi les principes qui régissaient les tribus depuis 4 000 ans. Les Belges ont essayé de les amener à la civilisation européenne et ont tenté d'améliorer leur vie en construisant des routes, des écoles, des dispensaires, et surtout en organisant le commerce. D'autre part, l'Église a prêché la Bible et l'Évangile. Au nom de Jésus-Christ, nous avons bâti des églises et ordonné des prêtres natifs du Zaïre. Nous avons voulu partager notre sagesse, mais le récent pillage et ce désastre demeurent un mystère pour moi.

— Cher monseigneur, lui répondis-je, je n'encourage pas le pillage, qu'il soit inspiré par la pauvreté ou par la foule en délire. Pour moi, le mystère réside dans les ingrédients de la potion magique: commerce et évangélisation appliqués aux Zaïrois. La dose a peut-être été trop forte? Les jungles appartenaient aux tribus, qui, sous l'autorité d'un chef, partageaient les fruits pour le bien commun. Leur organisation était idéale pour vivre ensemble et pour conserver leur jungle. Le commerce n'a pas respecté cette coutume primordiale de partager sur un même territoire. Le fruit du commerce s'est enfui vers la capitale et à l'étranger, sans partage. Alors est venue la pauvreté dans les endroits isolés: les soldats, les professeurs, les docteurs, les ingénieurs ne sont pas payés. C'est la pauvreté qui engendre la violence. L'évangélisation est un ingrédient d'un autre ordre, spirituel et humain. Les Zaïrois ont reçu votre message chrétien avec respect et joie, le comprenant selon leurs coutumes. Avec le temps, il pénétrera en profondeur dans leurs vies et aura un impact dans leur manière de penser et de vivre. Vous verrez, monseigneur, ceux qui vous ont volé se souviendront de vos paroles: «Ne volez pas, ne frappez pas votre prochain.» Le remords viendra et ils espéreront votre pardon. Jésus-Christ nous rappelle que le triomphe sur notre évangélisation passée pâlit devant la réalité de la rédemption et du calvaire...

— C'est bien, Guy. Ton interprétation de la situation est une façon de voir les choses. J'ai été éduqué différemment. Nous avions la vérité... J'ai fait de mon mieux avec joie, fatigue, faim et soif. Ce pillage me brise le cœur. Bon, assez broyé de noir pour aujourd'hui! J'aimerais t'offrir un verre de whisky pour nous remonter le moral, mais crois-le ou non, je n'en ai pas actuellement. Je suis à sec.

PILLAGE DU WHISKY DE MONSEIGNEUR

— Imagine-toi, Guy que, sous mon lit qui fut volé, j'avais toujours deux bouteilles de whisky cachées dans un creux derrière six briques dans le mur. Je suis sûr que tes 38 ans de jungle t'ont enseigné que le whisky est une bonne protection contre les amibes et un excellent stimulant pour la bonne humeur. C'est la meilleure médecine, expliqua-t-il en riant. Cette cachette, mon cuisinier la connaissait. Il m'avait aidé à la creuser. Durant le pillage, il fut probablement le voleur de mes bouteilles. Qu'est-ce que je peux faire?

Soudainement, il se mit à sourire en levant les sourcils:

— Oh! attends une minute, Guy! Tu es un homme de grand cœur. Voici 50 $US. À l'occasion de ton prochain vol vers Bunia-Goma ou Isiro, j'apprécierais que tu m'achètes deux bouteilles, du bon, du Johnny Walker.

— Pas de problème, Wilhem, dis-je en prenant les billets. Il est sage de votre part de flatter votre estomac et de stimuler votre esprit en utilisant des moyens naturels. Je vous souhaite du bien et la paix, monseigneur.

Tout heureux de notre conversation et de pouvoir lui rendre service, je serrai la main de ce grand bâtisseur avec vénération. Alors, le saint homme Job quitta l'ombre de son manguier pour venir à la camionnette discuter avec les jeunes, la future génération.

Le lendemain, je reprenais mon service d'action humanitaire, celui qui depuis tant d'années me rendait heureux. En revenant de Bunia, je m'extasiai, ébloui par un paysage magnifique plus beau qu'une cathédrale: je survolais la jungle où vivaient les Zaïrois, je voyais le ciel, le soleil et quelques nuages, le paysage changeait toutes les 10 minutes.

Quelle intelligence supérieure avait planifié et réalisé ce que je voyais? Aucun mot ne peut exprimer ces beautés. Cette sagesse nous appelle à l'émerveillement et à la connaissance de notre environnement. Je désire que cette harmonie continue, que les êtres humains vivent en se souhaitant du bien, en aidant aujourd'hui ceux qui ont besoin du pain quotidien et en guérissant ceux qui souffrent. Partout, je peux prier! Il n'y a pas d'endroit précis pour changer de vie... pour naître ou mourir.

En novembre 1993, ASF-Canada envoya Benoît et Karin Lebeau à Dungu. Après un court entraînement, Benoît prit ma relève comme pilote pour deux ans et le couple s'intégra très bien au milieu zaïrois.

Chapitre 13

Envol pour Récupération Tiers-Monde

De retour au Canada après mes séjours missionnaires en Afrique, je poursuivis la promotion d'Avions Sans Frontières. Je me rendais aussi au siège de Wings of Hope à Saint Louis pour donner des conférences sur l'aviation humanitaire. En 1989, pourtant, lorsque je revins au pays après cinq mois au Zaïre, mon attention fut attirée dans une autre direction.

Ballots de vêtements usagés pour l'Afrique.

Cette nouvelle entreprise commença lorsque Robert Gonneville et Nicole Monette m'invitèrent à dîner pour me parler d'un nouvel organisme: Récupération Tiers-Monde. L'objectif de RTM était le ramassage de vêtements usagés, le tri et l'envoi en ballots vers l'Afrique. On me fit visiter un grand hangar de Ville Saint-Laurent en face des installations de Postes Canada.

—Tu excelles en relations publiques, Guy, et tu as beaucoup de contacts. En plus, tu es l'homme de la jungle, me dit Robert. Nous sommes convaincus que tu es le candidat idéal pour lancer RTM.

Comme j'hésitais face à l'étrange tournure des événements, Nicole me demanda:

—Pouvons-nous compter sur toi, Guy, pour un premier départ le 20 août? Nous achèterons un petit camion à ta convenance. Bien sûr, nous te laissons prendre tes deux semaines de vacances...

Quelle étrange idée!... Qu'est-ce que je connaissais de la cueillette de vêtements usagés à envoyer en Afrique? Qu'en savaient Robert et Nicole? Un religieux, une administratrice et un pilote-mécanicien d'aviation: quel trio! «Le monde tourne à l'envers, je rêve, j'ai peut-être la malaria», me dis-je.

«Où se trouvent les vêtements usagés que je devrai collecter? Il m'en faut des tonnes», pensais-je tout en revenant à la maison avec une copie de la charte de RTM, les clés du hangar dans les mains et mille questions en tête.

Les jours suivants, je me creusai les méninges: «Comment et où dois-je démarrer?» Je dressai une liste de possibilités pour me calmer: les bureaux des missions, les bazars des églises, les ventes-débarras, les clubs sociaux, les associations caritatives, le YMCA, les magasins de surplus, les hôpitaux, les surplus des manufacturiers, etc.

Le 20 août, je me rendis au futur hangar RTM. Je m'établis un plan pour mes futures conversations téléphoniques et la façon d'aborder le sujet, puis je me fis une liste de gens à contacter par téléphone. Mon index en eut une ampoule, à force de faire tourner la roulette de mon téléphone. Les premiers appels ne furent pas tellement encourageants... «Peut-être, venez nous voir», me répondait-on.

Le 30 août, je décrochai enfin le gros lot au comptoir de la cathédrale de Saint-Hyacinthe.

— Bonjour, madame, dis-je par téléphone. Mon nom est Guy Gervais. Comme missionnaire-pilote de brousse, j'ai passé 30 ans de ma vie dans le tiers-monde. La télévision nous montre des millions de gens habillés pauvrement ou bien nus. Même dans les pays tropicaux, les nuits sont fraîches. Après la pluie, les adultes et les bébés souffrent du froid et attrapent une pneumonie. S'il vous plaît, avez-vous ou connaissez-vous des groupes ayant un surplus de vêtements: pantalons, chemises, robes, chapeaux, chaussures, bas et même des couvertures à donner? Je peux les ramasser par camion.

— Mon cher monsieur Gervais, me répondit la dame en plaisantant, j'ai du linge usagé ici pour les fins et les fous... Je pourrais habiller toute une tribu. Franchement, je ne sais pas quoi en faire. J'aurais honte de jeter des bons vêtements aux poubelles. Venez au sous-sol de la cathédrale Saint-Hyacinthe, mardi prochain, à 16 h. Je vais organiser un grand bazar. Je m'appelle Yvette, tante Yvette pour les intimes. Il y aura au moins 200 sacs de 14 kilos chacun et des vêtements en vrac.

— Merci beaucoup, tante Yvette. Je serai chez vous mardi après-midi, promis!

SAUVÉ PAR UNE FEMME DE JÉRUSALEM

Je téléphonai au frère Robert et à Nicole pour leur annoncer mon premier succès.

— J'ai besoin d'un camion pour tenir ma promesse à Mme Yvette.

— Prends ton automobile, me répondit Nicole, doutant de la quantité promise au capitaine Bonhomme...

— Un peu de sérieux, Nicole, lui dis-je. Est-ce que j'ai déjà maquillé la vérité? Il faut bien s'organiser pour ramasser ces vêtements usagés. Ce sera volumineux.

— Très bien, Guy. Utilise ta carte de crédit et loue le camion nécessaire. Tu me feras un rapport de tes activités chaque semaine, me répondit le bon Robert pour m'encourager.

Le mardi suivant, je fonçai dans l'opération. J'avais organisé quelques points de ramassage à Montréal. Dès 8 h, je louai un camion Ford Econoline 350, mais je compris vite que j'aurais besoin d'aide. Je téléphonai à mon fils Paul, qui était déjà grand et fort pour ses 15 ans, et lui demandai de venir me rejoindre en métro. Nous voilà, père et fiston, en route pour la première cueillette de Récupération Tiers-Monde. À 13 h, le camion était déjà plein de 250 sacs et nous nous rendîmes le décharger dans le hangar vide.

— Paul, dans la vie, il y a toujours une première fois, commentai-je.

Puis, nous nous dirigeâmes vite vers Saint-Hyacinthe rencontrer la marraine de RTM, tante Yvette, et voir si elle tiendrait sa promesse... Je n'en croyais pas mes yeux.

— Monsieur Gervais, bienvenue, me dit-elle avec une voix de femme d'affaires. Voici votre montagne de linge pour le tiers-monde. Vous pouvez venir tous les mardis pour 80 sacs mais, une fois par mois, je fais un bazar. Tout doit disparaître.

— Chère tante Yvette, comment vous remercier assez, lui répondis-je. Aujourd'hui c'est un jour historique pour RTM. Je ne pourrai plus être le même, et les gens moins favorisés qui recevront ces vêtements vous béniront. Vous êtes vraiment à la base de Récupération Tiers-Monde. Merci, merci beaucoup!

Respirant profondément, suant et courant, Paul et moi transportions des sacs deux par deux, montant les escaliers jusqu'au camion. Puis, nous ramassâmes les vêtements en vrac à bras-le-corps. Le camion fut chargé de 3 500 kilos de vêtements. Quelle bonne cueillette en ce 4 septembre 1989! Je ne l'oublierai jamais.

Tante Yvette eut la gentillesse de nous offrir un jus d'orange et me donna huit numéros de téléphone de comptoirs où ses amies pourraient coopérer. J'entrais dans le petit monde des vêtements recyclés mais comme neufs pour RTM.

Je pensai au dicton juif: «*La poubelle de l'un peut devenir le trésor de l'autre.*» Il s'appliquait parfaitement à RTM.

Fatigués mais heureux de notre journée, Paul et moi avons célébré cette première cueillette dans un *McDonald's*.

— Papa, lança Paul tout excité, tu as terminé ta carrière de pilote? Je suis content parce que tu ne nous laisseras plus durant des mois pour voler au Zaïre. Nous sommes tristes, tu sais, quand tu n'es pas à la maison. Tu es spécial, *papoush*. Transporter du linge en grande quantité sera un bon exercice physique pour toi!

— Je suis un fameux collectionneur mondial de linge – après Sears et Eaton – répliquai-je, en souriant. Un vrai métier, très noble. Tu es chanceux, fils, d'avoir tes tiroirs et garde-robes remplis de vêtements convenables et chauds. N'oublie jamais que dans notre abondance nous devons partager et ne pas jeter inutilement. Ces vêtements seront triés dans le hangar par des hommes et des femmes qui sont sur l'aide sociale, puis placés en ballots de 50 kilos et envoyés par conteneurs aux gens dans le besoin à travers le monde. Là-bas, une chemise sera vendue 50 ¢ au lieu des 15 $ qu'elle vaut ici. Les pantalons et robes seront à 1 $ afin de couvrir les frais d'envoi, mais la majeure partie des vêtements seront donnés.

— Tu es un père original, sage et révolutionnaire, me déclara Paul. Je suis fier de toi.

— Merci beaucoup, mon cher Paul. Nous devons être positifs dans la vie et avoir une volonté de fer, comme ta mère et M. Cousteau que tu as rencontré à Lima. Je suis sûr, mon gars, que tu vas réussir dans la vie. Maintenant que tu as bien mangé, j'apprécierais que tu m'aides à décharger ma précieuse cargaison ce soir. Il y aura d'autres collectes demain, pendant que tu iras t'instruire.

Le lendemain matin, le frère Robert et Denis Boutin vinrent au hangar prendre des mesures afin de confectionner des compartiments en contreplaqué pour la sélection du linge et l'installation de la presse qui formerait les ballots. Ils ouvrirent des yeux ébahis devant la montagne des 500 sacs ramassés le premier jour. Ils vidèrent quelques sacs et en examinèrent le contenu comme des professionnels.

— C'est fantastique, Guy! déclara Denis avec une voix d'expert. Tu as battu ton propre record. Maintenant, tu peux aller voir les camions usagés. Achète celui qui te plaira mais pas trop cher... J'irai signer les papiers.

De fait, je trouvai une camionnette qui avait servi pour les handicapés. Je voulais une porte qui s'ouvre sur le côté pour faciliter le chargement.

Ainsi se déroula le lancement, le décollage de RTM. Je commençais un métier complètement inconnu pour moi, mais à ma grande joie je continuais à être au service des plus démunis.

Je me souvins alors de la phrase lapidaire de mon vieux père: «Il n'y a pas de sot métier. Lorsqu'on est intelligent, fiston, c'est pour la vie...»

Notre opération de ramassage de vêtements usagés fit boule de neige. Une grande entreprise s'annonçait. On engagea une secrétaire, Suzanne, pour répondre aux appels et planifier l'horaire des tournées du camion. Elle s'occupa de mettre noir sur blanc les objectifs de RTM avec notre numéro de téléphone et le passe-partout: mon nom, Guy Gervais... cela dit sans vanité. Il s'agissait de miser sur ma crédibilité.

Denis Boutin installa un compresseur et les deux presses à ballots. On construisit 16 chariots en métal et on installa une balance électronique pour établir le poids des ballots: 45 ou 55 kg.

Quatre femmes vinrent trier les vêtements et les déposer dans des barils de plastique donnés par une compagnie productrice d'olives et de concombres. Mme Anthonienne, de Gaspé, fut la patronne du service de tri et travailla pour RTM jusqu'à l'arrivée de l'an 2000. RTM lui doit beaucoup.

Vers la fin d'octobre 1989, après deux mois d'exploitation, je ramassais jusqu'à 400 sacs par jour pour RTM. En décembre, Nicole établit les documents de départ du premier conteneur de 450 ballots à quitter le hangar en direction de Kinshasa (Zaïre).

J'engageai un accompagnateur pour charger et décharger les sacs, me libérant ainsi du temps pour assurer la promotion de RTM sur la même route. Mon album de photos sur le tiers-monde et les dernières photos des activités au hangar m'accompagnaient partout. J'invitais les directrices de comptoir à visiter nos installations de RTM pour s'assurer de notre crédibilité.

Durant les fins de semaine, mes enfants étaient heureux de m'aider – moyennant un cadeau. Ma fille Claudia avait nommé mon camion: «RTM Broum-Broum», mais même avec le bruit du moteur, assise près de moi, elle réussissait à écouter ses cassettes préférées.

Plus tard, Pierre Campeau fut nommé directeur des opérations de RTM et un autre camion fut acheté. En 1990, RTM envoya 23 conteneurs de 450 ballots dans différents pays d'Afrique. En 1991, 32 conteneurs furent expédiés. Ainsi, chaque année jusqu'à ce jour, une moyenne de 50 conteneurs partent de Montréal vers les pays moins favorisés.

RTM déménagea ensuite à La Prairie, dans l'ancienne imprimerie des frères de l'Instruction chrétienne, près des bureaux d'Avions Sans Frontières.

En dépit de cette nouvelle activité, je n'abandonnais pas le pilotage. Il m'arrivait de partir pour ASF au Zaïre pour trois mois afin de remplacer les pilotes qui quittaient leurs fonctions ou pour entraîner de nouveaux pilotes de brousse.

Quelle surprise et quel contentement de voir des ballots de vêtements de RTM à Goma, Bunia, Isiro et Kisangani! Je les reconnaissais rapidement grâce à la ceinture de métal et au logo RTM.

«Les vêtements usagés de Récupération Tiers-Monde atteignent nos frères isolés et moins favorisés», pensais-je avec satisfaction.

Après chaque séjour au Zaïre, je revenais piloter les camions de RTM pour faire de la promotion et surtout me tenir en bonne condition physique en transportant les sacs. Désormais, 155 comptoirs nous fournissaient gratuitement en vêtements usagés. Il fallait le faire...

En terminant, je voudrais remercier tous les bénévoles, notamment les dévouées Femmes de Jérusalem, pour leur dévouement, leur solidarité et leur sens de la charité et du service envers les moins fortunés.

Chapitre 14

Retour au présent

Après deux jours de voyage en automobile avec Charlie sur les voies express des États-Unis et du Canada entre Saint Louis et la maison, je fus tiré de ma méditation par les lumières rougeoyantes de Montréal qui se faufilaient entre les flocons de neige.

— Nous arrivons à la maison, Charlie, dis-je à mon beau petit chien qui remua la queue.

De retour à la maison.

Les clignotants jaunes des charrues à neige étaient le symbole même de l'efficacité de la technique moderne sur mère nature, pour permettre à l'être humain de survivre et de progresser. Les lumières de l'oratoire Saint-Joseph, au sommet du mont Royal, perçaient la tempête de neige. Je souris en pensant aux conversations des contrôleurs aériens lorsqu'ils mentionnent l'oratoire Saint-Joseph (*Joe's House*) aux pilotes de lignes américaines en guise de point de repère pour atterrir à l'aéroport de Dorval.

Puis, je traversai le pont Champlain au-dessus du majestueux fleuve Saint-Laurent et, à 20 h 30, je me garai dans la cour de notre maison. J'avais fait un long voyage, en kilomètres et dans le passé, depuis mon départ de Saint Louis.

Le bruit du moteur et les phares de l'auto signalèrent mon arrivée aux enfants qui, tous les trois, se précipitèrent à ma rencontre.

«Papa, papa, nous as-tu rapporté quelque chose de Saint Louis?» C'était toujours la première question.

— Pas beaucoup, leur dis-je en offrant des barres de chocolat.

— Ah papa! tu reviens des États-Unis et tu ne nous rapportes presque rien?

Soudain, Paul remarqua un mouvement à côté de moi, sur le siège de l'auto. Il se pencha pour regarder:

— Un chien! Un petit chien! cria-t-il. Hourra!

En quelques secondes, M. Charlie passa dans les bras de chacun des enfants, qui se bousculaient pour le voir et le toucher. Ils étaient pressés de le montrer à Ruth. Je réussis à les calmer.

— Attendez un peu, les enfants, suggérai-je. Peut-être que maman n'est pas préparée moralement à accepter ce chiot dans la maison.

Avec l'expérience, j'ai appris qu'il est sage d'utiliser certaines précautions avec Ruth. J'entrai le premier dans la maison, embrassant tendrement l'inséparable compagne de ma vie, et lui tendit une enveloppe. Elle l'ouvrit délicatement.

— Guy, 200 $. Merci beaucoup, quelle gentillesse! s'exclama-t-elle. *Caramba*! Quelle sorte de moustique t'a piqué durant ce voyage pour m'offrir un tel cadeau?

L'intuition de Ruth est très vive. Je dois faire attention, mais je respecte son caractère unique. Les enfants riaient et sautaient.

— Papa nous a apporté un beau petit chien de Saint Louis, crièrent-ils en le mettant dans les bras de leur mère.

Je regardai Ruth, qui le caressa et le serra dans ses bras en souriant et en s'exclamant:

— Bienvenue, monsieur Charlie! Vive les joies de la vie familiale! Tu as un grand cœur, Guy , mais s'il te plaît quand tu reviendras du Zaïre, ne nous ramène pas un lion ou un tigre!

M. Charlie rendit les enfants heureux durant deux ans, mais il devenait trop gros et je dus le donner à un de mes parents qui vivait dans une ferme.

Tard ce soir-là, je continuai à revoir le déroulement de ma vie. Quelle chance d'avoir trouvé une compagne parfaite, Ruth, et d'avoir eu trois bons enfants. J'étais heureux et en paix avec moi-même et avec les autres humains.

J'admets que notre vie de famille sortait de l'ordinaire. Il était réconfortant de revoir mes humbles débuts et de voir la richesse d'expériences accumulées au fil des ans.

En aviation, le pilote peut suivre un signal de radio *VOR* (*Very High Frequency Omnidirectional Range*) en volant d'un point à l'autre. Le signal est toujours présent, mais il ne lui est d'aucun secours si le pilote ne l'a pas capté. J'ai toujours su que je devais suivre mon propre signal. Il y a toujours eu quelque chose qui m'attirait dans une direction plutôt qu'une autre − j'ai toujours suivi la voie indiquée par une décision comme une libération de moi-même envers mon prochain. J'ai réalisé que envol, ailes, avion, Wings of Hope, Avions Sans Frontières étaient des mots qui avaient balisé ma vie et m'avaient permis d'atteindre mon idéal.

Cette nuit-là, je réfléchis sur le meilleur moyen pour inspirer les autres, surtout les jeunes, à trouver leur propre signal personnel qui les guiderait vers la soif d'apprendre et une vie satisfaisante et utile.

Plusieurs de mes amis et des missionnaires m'ont poussé à écrire un livre sur ma carrière de pilote-missionnaire, et je me demandais si, de cette façon, je pourrais aider des jeunes à trouver leur voie.

Pour le moment, je me contentais de ramasser des vêtements usagés pour RTM, de donner cinq petits exposés aux messes les samedis et dimanches, et de faire des séjours de pilotage au Zaïre.

Deux mois plus tard, cet immuable horaire fut bouleversé par une autre crise au Rwanda. Avec un Cessna 206, Avions Sans Frontières voulut s'engager dans un service humanitaire.

Chapitre 15

Envol d'urgence vers le Rwanda

Après le génocide du Rwanda en avril 1994, la migration de réfugiés rwandais vers le Burundi, le Zaïre, la Tanzanie et l'Ouganda causa un urgent besoin de transport, surtout par avion, de volontaires, de matériel de survie, de nourriture et de médicaments.

Pour ce pont aérien, sous l'égide des Nations unies, de gros avions comme le Galaxy C-5 et le Hercule 135 atterrissaient sur les grandes pistes de Entebbe (Ouganda). Il y avait plus d'un million de gens à secourir.

Vue aérienne d'un camp de réfugiés au Burundi.

Il y avait aussi un besoin urgent de transport sur les petites pistes pour les médecins, les infirmières, les diététiciennes, et les ingénieurs chargés de trouver de l'eau potable.

Avions Sans Frontières-Canada répondit vite à l'appel et la décision fut prise d'envoyer le *Normand Berger Memorial*, un Cessna 206, en Afrique. ASF coopérait avec la Croix-Rouge, Care, Oxfam, ainsi qu'avec Médecins sans frontières et les organismes chargés de l'adduction d'eau potable.

Robert Gonneville me confia la responsabilité de préparer l'avion pour un départ en conteneur vers l'Afrique et de le piloter durant le premier stade du projet.

Par courtoisie, MM. Harding et Alain St-Pierre nous offrirent gratuitement leur hangar à l'aéroport de Saint-Hubert. Je reçus l'aide bénévole de gens divers et je dus battre encore mon propre record...

Des experts en logistique au bureau d'ASF me remirent l'emploi du temps suivant: mercredi, le 9 juillet 1994, 16 h:

1. Départ du conteneur: samedi 8 h;

2. Vendredi, 15 h: Radio-Canada.

Suivant en cela les plans de la société Cessna, le frère Houle confectionna, dans sa menuiserie, les berceaux pour soutenir les ailes une fois celles-ci séparées du fuselage.

Le jeudi, je travaillai seul avec mon fils Paul qui avait la tâche de mettre les boulons et les vis dans de petits sacs de plastique et de bien les identifier. Il fit un superbe travail. Le soir, à 20 h, l'hélice, le gouvernail, le stabilisateur et tous les câbles de commande étaient débranchés. Les réservoirs d'essence étaient vides.

Le vendredi fut une journée où je pus tester mon efficacité et ma patience. Rodrigue Arsenault sauva la situation.

D'abord, il me fit confectionner deux gros angles de fer pour remplacer les essieux et les roues de l'avion. Ces angles étaient boulonnés à chaque train d'atterrissage et soutenaient le Cessna sur sa plateforme. La roue avant demeurait intacte. La largeur des portes du conteneur laissait 10 cm de chaque côté du train d'atterrissage.

Vers 13 h vendredi, Rodrigue arriva accompagné de trois frères missionnaires en vacances à La Prairie et de Pierre Campeau, le gérant de RTM. J'expliquai à Rodrigue et à Pierre comment une aile était fixée au fuselage: deux boulons pour les étais et deux au fuselage. Les frères n'avaient qu'à tenir l'aile, puis à la déposer doucement sur les berceaux déjà en place. Tout se passa bien pour la première aile.

Comme prévu, à 15 h, les techniciens de la télévision de Radio-Canada se positionnaient pour filmer l'opération de l'enlèvement de la deuxième aile, tandis que Robert Gonneville expliquait la mission du Cessna 206 d'ASF pour une aide d'urgence humanitaire au Rwanda. Tout se passa comme prévu et l'équipe de mécanos improvisée déposa la seconde aile sur son berceau. Mission accomplie!

La plateforme du fuselage et celle des ailes furent sécurisées dans un conteneur de 15 m, le samedi 12 juillet et envoyées par voie maritime jusqu'à Mombasa (Kenya).

Six semaines plus tard, on livrait le conteneur à l'aéroport international Moi de Mombasa et une petite société d'aviation locale me permit d'utiliser ses installations. En trois jours, le Cessna était réassemblé. Heureusement, pas un boulon, pas une vis ne manquait à l'appel. Je repeignis l'avion en blanc et bleu, aux couleurs d'ASF-Canada.

Je pris soin aussi de préparer les demandes d'autorisation de vol au-dessus du Kenya, de la Tanzanie, de l'Ouganda, du

Zaïre, puis du Rwanda et du Burundi sous l'enregistrement C-FLOK du Canada.

Le 26 septembre 1994, je décollai de Mombasa pour Kigali (Rwanda) via Nairobi (Kenya) et Entebbe (Ouganda). Je dois remercier Jean-Pierre Tremblay d'Oxfam-Québec, qui m'aida énormément pour le franchissement des douanes et pour obtenir les permis de vol. Il fit le voyage en Cessna 206 de Nairobi à Kigali. Cet aéroport était sous contrôle militaire et je devais impérativement atterrir à l'heure approuvée deux jours plus tôt. À défaut d'être à l'heure, je risquais de me faire tirer dessus. Pas facile d'être pilote de brousse!

Je dois avouer que c'est avec anxiété que je me posai à Kigali et que la vue des soldats me donna froid dans le dos, mais nous fûmes bien reçus, en anglais seulement. Je trouvais cela étrange car le Rwanda est un pays francophone. Le terminal de l'aéroport gardait des traces de guerre: vitres cassées, trous d'impact de balles dans les murs. M. Tremblay me suggéra de passer la nuit à la maison d'Oxfam-Québec car il était tard. Au restaurant, nous avons pris un bon souper, toujours servi en anglais. On m'expliqua que les Tutsis, chassés par les Hutus 25 ans plus tôt, avaient étudié en Ouganda ou en Tanzanie. Les Tutsis avaient repris les rênes du pouvoir et du commerce au Rwanda, et l'anglais avait remplacé le français.

Dans la ville de Kigali, je pouvais voir des carcasses de jeep calcinées. On m'avertit de ne jamais marcher dans l'herbe. Des mines antipersonnel avaient été disséminées partout sur les lieux du conflit, même là où se trouvaient des réfugiés.

La plupart des résidents de Kigali (avant avril) étaient morts ou avaient fui, de sorte que les nouveaux venus s'étaient simplement installés dans les maisons vides. La maison des frères de l'Instruction chrétienne fut occupée par trois familles à la suite de la fuite des frères. Comme la plupart des documents avaient été détruits, il devenait difficile d'établir les droits de propriété des maisons.

J'eus du mal à m'endormir ce soir-là, repassant dans ma mémoire les images vues à la télévision et dans les journaux sur le génocide au Rwanda. J'étais au beau milieu de cette tragédie, peut-être aussi dans un nid de guêpes. «Tu vas te faire piquer, mon Guy!»

Le lendemain, je décollai pour Bujumbura (Burundi), choisie comme base par ASF. Durant les mois d'octobre et de novembre 1994, j'effectuai des vols du Burundi vers Goma, Kigali et Entebbe pour divers groupes humanitaires. Les scènes que j'ai vues de la cabine de l'avion durant ces missions furent, sans aucun doute, les plus spectaculaires de ma carrière. Du haut des airs, la vue des camps de réfugiés de 20 000 à 50 000 personnes était un spectacle nouveau: des acres de petites tentes carrées de couleur blanche et bleue s'étendaient à perte de vue.

Pouvez-vous imaginer toute la logistique requise pour avoir soin de tant de gens? C'est comme si une ville était sortie de terre en 48 h... Il fallait des tonnes de riz et de maïs, un approvisionnement en eau potable pour la consommation, mais aussi de l'eau pour se doucher, laver les vêtements et les choses. Des centaines de ballots de vêtements et de couvertures pour ceux qui en avaient besoin furent distribués. Pour la cuisine, on estima que chaque famille avait besoin d'un arbre pour cuire les aliments et se réchauffer. Les camps étaient installés à 2 000 m d'altitude, là où il fait froid la nuit et durant la période des pluies.

Pour les soins médicaux, une très grande tente de la Croix-Rouge s'érigeait au centre de cette ville de toile tandis que des médecins et des infirmières s'exténuaient à aider des centaines de personnes souffrant de blessures faites durant le massacre ou victimes de différentes maladies. Les blessures venaient de balles de mitrailleuse, de machettes, de haches et de pelles. Les maladies étaient surtout la malaria, la dysenterie, la pneumonie, le choléra, l'anémie et le sida.

— Il y a aussi une pratique choquante dont on parle très peu, me raconta un médecin durant une envolée: nous calculons que 50 % des enfants en bas âge ont été délibérément blessés aux bras, aux jambes et au dos avec des machettes maculées de sang d'adultes porteurs du VIH, dans l'intention de causer leur mort à long terme.

Mais la vie continuait, même pour les réfugiés, et les médecins mettaient aussi au monde des nouveau-nés et s'en occupaient.

En survolant un camp de réfugiés, je réfléchissais: «Où est l'espoir pour les réfugiés vivant sous ces tentes de quatre mètres sur huit, sans travail? À quoi pensent-ils? À leurs familles? À leurs villages? Ont-ils de la haine, l'idée de se venger? Il n'est pas facile de pardonner.» Ces réfugiés étaient vraiment traumatisés; en plus des soins médicaux, il fallait aussi soigner leur esprit, leur âme. Comment un enfant peut-il étudier après avoir vu ses parents se faire massacrer? Il est trop profondément blessé.

En tant que pilote, je considérais comme une expérience spéciale de survoler une telle étendue de tentes bleues et blanches. À la frontière entre le Zaïre et le Rwanda, la forêt disparaissait pour faire place à des milliers de tentes. J'étais au beau milieu d'un désastre humain, essayant d'aider avec de modestes moyens. La télévision a diffusé des images de ce cauchemar. Moi, j'ai pu avoir de longues conversations avec des médecins, des infirmières, des membres de groupes religieux et évangéliques. Le but était le même pour tous: sauver des vies. Le mot *libération* prenait là tout son sens: souhaiter du bien aux autres, se tourner vers le soleil, vers la lumière et l'amour de Dieu. J'aime la vie et je respecte celle des autres. Pour acquérir la sagesse, il faut des efforts, de la souffrance et souvent traverser des expériences pénibles.

La vue de la pauvreté, de la tristesse, de la souffrance illumine notre âme, ce diamant serti en chacun de nous, et donne à chacun l'énergie de partager ses habiletés, d'être présent auprès des démunis de la Terre et de semer l'espoir. Par ces mots, je veux rendre hommage à tous les volontaires qui ont aidé les réfugiés du Rwanda. Ce sont des héros. Je remercie Avions Sans Frontières et Terre Sans Frontières de m'avoir permis de participer à leur œuvre humanitaire durant tous ces mois.

Au début de décembre, Brendan Allen de Vancouver, ancien pilote de brousse au Zaïre, vint piloter le Cessna 206 d'ASF pour continuer les vols d'urgence. Je pus ainsi passer de belles vacances de Noël en famille. ASF planifiait une opération à Kisangani (Zaïre).

Chapitre 16

Envol vers Kisangani

— Nous sommes sauvés, s'écria le frère Gerry Selenke lorsqu'il me serra la main après mon premier atterrissage à l'aéroport de Kisangani, à la suite d'un vol de trois heures à partir de Bujumbura (Burundi). Ce fut un jour historique que ce 22 février 1995.

Accueil chaleureux des missionnaires à Bondo (Zaïre).

Depuis 1985, Avions Sans Frontières offrait un service d'aviation humanitaire dans le Haut-Zaïre avec deux Cessna 206 en partenariat avec Wings of Hope de Saint Louis (États-Unis).

Kisangani fut appelée Stanleyville jusqu'à l'indépendance du Zaïre en 1960, en mémoire du légendaire explorateur britannique Sir Henry Morton Stanley, qui découvrit les sources du Nil et du Zaïre à partir des lacs Victoria et Tanganyika. Kisangani est la plus importante ville située au nord-est de la capitale Kinshasa. De là, les bateaux et les barges peuvent naviguer jusqu'aux chutes Stanley, un voyage de 12 jours.

Gabriel Grison, un missionnaire des prêtres du Sacré-Cœur de Bruxelles, fonda la première mission de la région de Kisangani, le 25 décembre 1897. Puis, les diocèses s'étendirent dans un rayon de 500 km autour de Kisangani. En 1960, un système routier très bien structuré permettait de circuler facilement en automobile et en camion. Cinq familles étaient chargées de l'entretien d'un kilomètre et demi de route. Un inspecteur belge passait chaque mois pour payer les cantonniers selon la qualité de l'entretien. Le cantonnier zaïrois, équipé de brouette, pique et pelle et arborant un uniforme distinctif, se sentait valorisé parmi les siens. C'était un homme très important.

En 1930, des hydravions furent les premiers à survoler la jungle du Zaïre et à venir à Kisangani. Une hélice d'un avion accidenté en 1930 est gardée précieusement à la procure en souvenir de ce service aérien. De nombreuses pistes d'atterrissage furent construites pour recevoir de petits avions, sans oublier que Kisangani devint une piste internationale avec les avions commerciaux.

Dès 1900, le port de Kisangani était important et fut équipé de puissantes grues pour décharger et charger les bateaux et les barges. Durant mon séjour, j'ai vu 4 000 Zaïrois travailler comme des fourmis pour rendre le port opérationnel. Les bras humains avaient remplacé les grues rouillées et abandonnées. Le Zaïrois reçoit un dollar par jour pour son labeur. Les grues avaient-elles été installées pour faciliter le travail des Belges ou des Zaïrois? Des réseaux de chemin de fer réunissaient les villes; aujourd'hui, ils sont à l'abandon. L'herbe et les bambous ont étouffé la technologie. Les Zaïrois considèrent-ils que les techniques modernes de civilisation n'étaient installées qu'au profit des Belges ou pour leur développement? Les grandes herbes, les bambous, les arbres poussent comme des tentacules sur les routes, les pistes d'atterrissage et les chemins de fer. C'est le retour à la vie de la jungle.

Dans ce contexte de manque de transport sur un immense territoire de la forêt tropicale, Gerry Selenke demanda un service d'aviation humanitaire et missionnaire pour sauver les projets de santé, d'éducation, d'agriculture et d'évangélisation, et libérer les Zaïrois et les missionnaires de l'isolement.

Gerry, grand procureur des missions, se promenait en montgolfière dans les plaines du Texas dans sa jeunesse. L'aviation l'avait toujours intéressé.

La première tentative de service consista à monter une opération avec hydravion pour desservir les villages le long du fleuve Zaïre et de ses affluents. En 1989, je rencontrais Gerry et son comité pour entreprendre une étude de faisabilité sérieuse. Je suggérai une opération amphibie avec un avion Goose ou un Turbo Cessna 206 sur flotteurs amphibies Wipaire. Il fallait construire des plateformes flottantes pour amarrer l'hydravion. Quarante pour cent des missions étaient situées le long de rivières, mais 60 % des arrêts étaient comme des joyaux sertis dans des écrins de velours vert de la jungle tropicale munis de pistes du gouvernement ou des pistes de brousse mais sans avion... Les sommes débloquées pour lancer ce service d'avion amphibie montaient à 250 000 $. Quelques pistes construites près des plantations d'huile de palme par des compagnies belges étaient réutilisables après une bonne coupe d'herbe et de jeunes pousses d'arbres.

Je suggérai une opération avec un Cessna 206 sur roues, au moins pour lancer le service, une façon réaliste de contourner les impératifs financiers. Puis, la question de la sécurité en vol au-dessus de la jungle avec un bimoteur fut tout à coup amenée sur le tapis. On m'affirma que jamais les médecins, les infirmiers, les professeurs, les agents de développement et les missionnaires ne voudraient voler dans un monomoteur au-dessus de cet immense champ de brocoli qu'est la jungle...

Le projet fut remis à plus tard. En 1993, 5 missionnaires moururent dans des missions isolées; puis en 1994, 10 autres Zaïrois et missionnaires auraient pu être sauvés. Ils étaient gravement atteints de malaria cérébrale, du choléra ou victimes d'accident, mais aucun petit porteur n'était disponible pour ces urgences médicales.

Alors arriva le miracle tant attendu: 14 groupes de missionnaires réussirent une collecte de fonds de 125 000 $. D'autre part, Avions Sans Frontières-Canada confirma la disponibilité d'un Cessna 206 pour l'opération, le Cessna *Normand Berger Memorial*. Le 6 janvier 1995, Gerry Selenke avertit ASF-La Prairie par télécopieur que la procure de Kisangani était prête à lancer le service aérien: l'argent était disponible, on disposait de 50 fûts d'avgaz, d'un fût d'huile et d'un permis officiel de six mois pour voler au Zaïre sous l'enregistrement canadien *C-FLOK*.

J'avais démonté le Cessna 206 à Saint-Hubert et nous l'avions mis dans un conteneur en route vers Mombassa (Kenya), où je l'avais remonté et utilisé dans un projet d'ASF: Urgence Rwanda, avec une base à Bujumbura de septembre 1994 à janvier 1995.

DÉMARRAGE D'ASF À KISANGANI

Le directeur général, Robert Gonneville, planifia mon départ pour le 16 février. Mon épouse Ruth avait passé Noël à Lima (Pérou) avec sa famille. À son retour le 9 février, elle me dévisagea avec un pressentiment. L'heure était grave et les événements allaient se précipiter. Je devais être très prudent avec Ruth...

— Guy, me dit-elle, tu as l'air nerveux et tu déambules pour rien dans la maison. Je pense que tu me prépares une surprise...

— Ma chère Ruth, ne t'inquiète pas, je suis probablement fatigué des responsabilités familiales, ayant pris grand soin de Paul, Gabriel et Claudia durant ton absence. Faire la cuisine, balayer, nettoyer, donner de sages conseils, c'est un travail à temps plein... en plus du travail au bureau d'ASF. Peut-être que je devrais prendre des vacances comme tu l'as fait?

— Guy, je sais trop bien que tes plus belles vacances sont lorsque tu te rends en Afrique piloter pendant quelques mois, répondit Ruth, mais, je t'en supplie, ne pars pas trop vite, surtout en hiver.

Les enfants savaient que je partais. Il ne me restait plus qu'à avouer: je mis sur la table mon billet KLM pour Nairobi (Kenya).

— Non, non Guy! Tu ne pars pas vendredi prochain? s'écria Ruth. Tu as encore autant de charité dans le sang? Tu as de la chance que j'aie confiance en ton amour pour te laisser partir vers ces Zaïrois isolés et moins fortunés. Ensemble, nous vivons l'esprit de l'Évangile. Que le Seigneur te protège... Les Zaïrois, les Péruviens et les Canadiens tirent leurs énergies du même soleil.

Ce nouveau service humanitaire aérien me paraissait aussi difficile que celui entrepris sur la *Fly River* à Kiunga en Nouvelle-Guinée ou à Iquitos sur l'Amazone. L'enfer vert est un territoire où, durant deux heures au-dessus des arbres touffus, un pilote et ses passagers ne peuvent trouver aucun point de repère pour signaler leur position en cas de panne de moteur. Par ailleurs, il y a aussi le risque d'être encerclé par les orages tropicaux, qui se développent rapidement.

LES DÉBUTS D'ASF-KISANGANI

J'arrivai à Nairobi (Kenya) le dimanche 19 février. Dès le lendemain, je m'envolai pour Bujumbura, où, avec Jean-Pierre Massé, je ramassai des outils et des pièces d'avion éparpillés dans trois maisons différentes. Durant la nuit, je fus réveillé brusquement par des décharges de mitraillettes et des explosions de grenades: c'était un affrontement entre des factions des Tutsis et des Hutus. Le Burundi n'était plus un pays sécuritaire pour notre service d'aviation. Le 22 au matin, on me conduisit à l'aéroport avec ma cargaison, à quelques mètres des barrières militaires. Ma chemise blanche de pilote avec ses quatre barres de commandant du bord nous fit ouvrir la route. Je déposai un plan de vol international de Bujumbura à Kisangani (Zaïre). Je quittais cet endroit pour un monde meilleur, espérais-je! Trois heures de vol au-dessus du lac Tanganyika, à 3 657 m au-dessus des montagnes du Zaïre puis de la jungle, guidé par notre nouvel instrument de navigation, le *GPS* (Globe Position System). Quel instrument merveilleux! Un chef-d'œuvre de la technologie moderne pour un pilote de brousse. Cet instrument portatif d'un kilo me permettait de repérer ma position avec confiance, un soulagement après 36 ans de pression et d'anxiété alors qu'il a fallu parfois voler au compas, à la montre et à vue, me guidant sur les rivières, les montagnes et les villages. En communication avec trois satellites, le *GPS* affiche le nom des 10 aéroports ou pistes les plus proches, la direction magnétique et les distances pour les atteindre. D'autres calculs utiles au pilote peuvent aussi être effectués. *Adios* les bonnes vieilles années du pilotage approximatif!

Par radio HF-SSB, j'étais en contact avec la procure de Kisangani. Gerry Selenke m'attendait à l'aéroport, heureux d'accueillir l'avion tant souhaité depuis des années et son pilote.

— Nous sommes sauvés! s'exclama-t-il avec son large sourire. C'est un jour mémorable.

Ce cri venait du cœur. Il lui avait fallu beaucoup de ténacité pour obtenir cet avion. Son isolement serait enfin rompu. Durant 10 ans, Gerry a eu le courage et la volonté de convaincre les différents groupes de s'engager dans l'aviation humanitaire.

Pour moi, atterrir à Kisangani avec le Cessna 206 *Normand Berger Memorial* fut un moment de grande émotion. J'avais lancé plusieurs services aériens depuis 1960 et dans différents pays, mais je tenais beaucoup à celui-ci. J'étais 10 ans en retard, mais tellement désiré. Peu organisé sur cette base d'opération, nerveux à cause des vols difficiles à la limite d'un monomoteur, j'étais tout de même confiant en la bonne volonté des dirigeants d'ASF-La Prairie et de Gerry Selenke. Le besoin désespéré des Zaïrois et des missionnaires très isolés était aussi motivant. Je ferais de mon mieux pour coopérer tout en assurant la sécurité.

Le Cessna 206 fut stationné dans le meilleur hangar jamais vu dans la jungle. Gerry avait obtenu l'ancien hangar de DC-3 de la société Sotexki. L'avion était donc à l'abri des orages, du vent, des rayons brûlants du soleil et aussi des voleurs. Et puis, j'étais à l'ombre pour effectuer l'entretien de l'avion. Quelle bénédiction pour mon grand âge! Nous étions prêts à commencer.

Gerry m'offrit une chambre à la procure. Je prenais mes repas avec les frères et les missionnaires de passage, qui m'apprenaient beaucoup sur la vie des Zaïrois et sur les valeurs de l'évangélisation. Dans ma chambre, je disposai les outils et les pièces d'avion sur des étagères... en acajou SVP!

L'après-midi même du 22, on me présenta les collaborateurs d'ASF-Kisangani. Léon Kando en était le trésorier et Adolf le directeur des opérations. La tâche de ce dernier était la planification des vols, la radio pour la météo et l'écoute permanente de l'avion en vol. Puisque Adolf savait que j'arrivais le 22, il avait déjà organisé des vols pour les jours suivants.

Kisangani-Buta-Bondo. Direction 340°, 2 h de vol pour aller; par route, 600 km et 4 jours ou 2 semaines selon les capacités de la jeep pour franchir les routes abandonnées, pleines de trous et encerclées d'un dôme de bambou qui ne laisse pas pénétrer le soleil: le retour de la jungle.

Gerry mit à notre disposition un camion usagé de trois tonnes et son chauffeur pour transporter les fûts d'avgaz et la cargaison de la procure vers le hangar de l'avion, à 15 km de là. Il mit aussi à ma disposition une Madza usagée. Pour mon premier vol, j'embarquai cinq passagers et du fret: des médicaments, une glacière de vaccins, le courrier et des pièces de rechange pour les jeeps et les camions des missionnaires.

Kisangani est située à l'équateur, sur les berges du fameux fleuve Zaïre dont le volume d'eau cède seulement au fleuve Amazone. Le taux d'humidité y est toujours de 90 % et la chaleur oscille entre 35 °C et 40 °C le jour. La nuit, la température baisse entre 10 °C à 15 °C. Comme il y avait un service hydroélectrique, nous avions des réfrigérateurs et je pouvais me rafraîchir la nuit avec un bon ventilateur. Par an, il tombe environ 1,5 m de pluie, alors qu'au Canada il n'en tombe que 0,25 m. Le soleil brille très fort le matin puis, soudain, vers 14 h, des orages isolés commencent à arroser la forêt toujours verte. Cette région est comme une immense plaine située à 305 m d'altitude, sans montagne, de sorte que je peux contourner les orages avec un maximum d'autonomie (six heures de vol), étant toujours assuré de ma position grâce au *GPS*.

LE SON DE L'AVION D'ASF

À Bondo, il y a une piste de brousse en gravier près d'une importante mission qui compte des écoles, un hôpital, une plantation de palmiers pour l'huile et des églises desservant une population de 300 000 habitants le long du fleuve Uélé. Alfred, le responsable de la piste, me contactait régulièrement (toutes les 30 min) lorsque j'étais en vol, puis Adolf à la base de Kisangani prenait le relais. Alfred connaissait la minute exacte de mon arrivée et, en roulant sur la piste, il détectait les termitières, les pièces de bois, les pierres, les briques, afin d'assurer ma sécurité à l'atterrissage. Selon mon habitude, je coupai le moteur 100 m avant d'atteindre la foule de 800 personnes assemblées pour voir le nouvel avion de la mission et recevoir les passagers. En un instant, comme des fourmis, les Zaïrois entourèrent l'avion et j'éprouvai de la difficulté à en ouvrir les portes.

Quelle chaude réception! L'espoir pouvait se lire sur leurs figures. Les Boeing 747 et les DC-10 survolent très haut leurs villages, seul le Cessna 206 d'ASF peut les atteindre afin d'améliorer leur vie, de les aider en cas d'urgence médicale et de soutenir des programmes de santé, d'éducation et d'économie.

Les lettres furent distribuées. On attendait avec impatience des nouvelles des familles isolées; d'autres lettres prendraient plus tard le chemin inverse. J'apportais aussi de l'espoir aux propriétaires de jeep ou de camion: avec les pièces de rechange que j'amenais, ils pourraient se remettre sur la route. Pour le retour, deux volontaires de l'Unicef et de Caritas montèrent à bord avec 300 kg de fret: des seaux en plastique remplis de beurre d'arachide, deux sacs de fèves et des jerricans d'huile de palme. Puis, Alfred circula pour éloigner les gens et je leur fis au revoir de la main. Ils semblaient répondre: «Merci au Cessna d'ASF, l'espoir de survie est de retour.» Le bruit de l'avion signifiait: «Nous sommes sauvés, nous sommes libérés!»

Je fus surpris du nombre d'heures de vol effectuées durant les trois premiers mois: 150 h, ce qui prouve l'importante nécessité du service humanitaire aérien et témoigne de la bonne préparation de la base de Kisangani pour soutenir les vols. Par exemple, l'acquisition d'une nouvelle radio HF-SSB Kenwood 440, qui fut installée dans le bureau d'Adolf et lui permit d'être à l'écoute de 7 h à 17 h pour recueillir les informations au sujet des besoins de chaque poste et de la météo. Adolf adopta un adage moderne: *«Je ne fais jamais d'erreur lorsqu'on me donne la bonne information.»*

La radio d'ASF-Kisangani commença à communiquer tous les matins à 7 h 30 avec Dungu, Bunia, Goma, Bujumbura et Kinshasa, ce qui permettait aussi d'être en contact avec le Canada.

On détermina 27 pistes possibles pour nos vols en établissant une grille des distances, des temps et des coûts. ASF-Kisangani pouvait être réquisitionnée par les missionnaires protestants ou catholiques et par les ONG comme Unicef, Oxfam, Caritas, Médecins sans frontières. Ces pistes appartiennent soit au gouvernement, soit aux missions, aux entreprises d'exploitation d'huile de palme, de coton, aux sociétés minières ou forestières.

Des réunions d'information eurent lieu avec les coordinateurs des groupes. Ils avertirent Gerry, Léon et Adolf que 250 $ de l'heure de vol était trop cher. Alors, nous avons calculé avec eux les coûts d'utilisation d'une jeep Toyota ou d'une Land-Rover transportant cinq personnes et une cargaison de 100 kg sur les routes de brousse. Ils découvrirent avec stupéfaction que cela revenait à 0,85 $/km en jeep, tandis que l'avion ne leur coûterait que 0,55 $/km tout en leur faisant économiser un temps précieux et en leur procurant la certitude d'arriver à destination en toute sécurité.

Quelques jours plus tard, un père espagnol arriva en jeep avec trois Zaïrois pour faire ses achats. Il venait de parcourir 320 km par la route (1 h de vol). Il demeura bloqué à Kisangani malgré plusieurs tentatives pour repartir: il pleuvait tous les jours. Il dut attendre trois semaines et son voyage lui coûta trois fois le prix de location de l'avion. Entre-temps, un pont s'était écroulé.

Avec Adolf, nous avions fait circuler les renseignements suivants:

«Chers amis, votre participation financière de 250 $ pour le transport est indispensable afin d'assurer le service aérien. Un jour ou l'autre, vous-même ou quelqu'un de votre entourage, zaïrois ou étranger, sera dans un état d'urgence médicale et vous aurez besoin du Cessna d'ASF pour sauver votre vie. À moins que cet avion ne vole régulièrement grâce à ASF-Kisangani, personne ne pourra venir assez rapidement pour vous secourir. La survie de certaines missions dépend du service aérien.»

Quelques jours plus tard, par radio (que les missionnaires écoutent religieusement), nous reçûmes un appel d'urgence de Bumba. Sœur Laurence, une professeure zaïroise de 36 ans, souffrait d'une occlusion intestinale et d'une forte fièvre. Selon l'infirmière, ses chances de survie étaient de 24 h à moins que... Le vol de Kisangani à Bumba durait 1 h en longeant le fleuve Zaïre. Par la voie fluviale, il faudrait trois jours pour qu'un canot motorisé puisse conduire sœur Laurence à l'hôpital et tout cela sous un soleil brûlant... ou sous la pluie. On opta pour l'avion.

À Bumba, on coucha la patiente sur le matelas de mousse étendu sur le plancher de l'avion et, tenant la bouteille de sérum, l'infirmière monta près d'elle pour le voyage. Le vol fut calme et à l'arrivée à Kisangani le chirurgien opéra rapidement. Sœur Laurence était sauvée.

Pour assurer la rentabilité du Cessna, Léon organisa une réserve de 12 sacs de farine, sucre, sel et ciment pour maintenir un poids constant de 450 kilos avec les passagers de Kisangani vers la jungle. Pour le retour, les missions planifiaient un envoi: beurre d'arachide, huile de palme, riz, fèves, que Léon revendait en ville. L'opération du Cessna 206 fonctionnait ainsi à 100 % d'efficacité.

La venue de Jean-Pierre Massé et de Nathalie Paquet prouva à Gerry Selenke, aux Zaïrois et aux missionnaires le vif intérêt que portait ASF-La Prairie (Canada) au succès du service aérien d'ASF-Kisangani. Jean-Pierre expliqua les bases des opérations d'ASF et passa trois jours avec Léon Kando pour mettre en ordre sa comptabilité et structurer les procédures de façon à faciliter l'achat des pièces au Canada. Je suis heureux que Jean-Pierre et Nathalie aient pu voler de Dungu à Kisangani pour admirer l'immense jungle durant plus de deux heures. Je voudrais mentionner qu'en plus d'être un excellent comptable et MBA, Jean-Pierre pourrait devenir un bon pilote puisqu'il est aussi ingénieur. Leur visite a créé un climat de confiance et de paix au Zaïre. Je les en remercie.

SANTÉ ET ÉDUCATION

Comme le service d'aviation humanitaire est destiné aux services de santé et d'éducation, je vais simplement mentionner ici quelques impressions recueillies durant les repas communautaires pris en compagnie des sages de la région de Kisangani.

Il y a 30 ans, Kisangani était considérée comme un joyau par les Belges, une ville magnifique, bien organisée, avec de belles maisons sur des rues propres et bien entretenues, des magasins remplis de marchandises importées, des garages outillés et plein d'automobiles, jeeps, camions à vendre avec leurs pièces de rechange. Aujourd'hui, Kisangani est une ville fantôme...

«C'est le retour à la jungle», comme me l'a dit un homme d'affaires zaïrois.

Les ressources naturelles de ce pays sont énormes. La région de Kisangani-Bunia-Goma-Bukavu pourrait être très prospère et riche. Certains vont même jusqu'à dire que cette région constituera un jour la République des Grands Lacs. La forêt est presque infinie. Des sociétés étrangères y font la coupe des gros arbres de deux mètres de diamètre, laissant les arbres plus petits. Les billots sont ensuite sciés sur place ou transportés par barge à Kinshasa, la capitale, pour être exportés outre-mer.

Des milliers de familles ont quitté Kisangani et leurs villages à la recherche de diamants, d'or et d'argent, vivant dans de nouveaux territoires où les cultures vivrières ne sont pas organisées: la nourriture manque. Un professeur, payé 10 $ par mois, a quitté son école. Un infirmier et un docteur, payés 30 $ par mois, quittent aussi leur dispensaire et l'hôpital durant quelques semaines pour faire du commerce. Puisque des centaines d'écoles de brousse ont fermé, les jeunes de 15 ans, ne voyant aucun avenir dans le système d'éducation, se dirigent vers l'inconnu et, à leur tour, cherchent des diamants et de l'or. Ces deux dernières années, les universités de Kinshasa ont été à moitié fonctionnelles. Personne n'y obtient un diplôme. Bon nombre d'étudiants se dirigent plutôt vers le nouveau Klondike.

Ceux qui creusent dans les ruisseaux et dans le sable souffrent souvent d'anémie, de malaria, de dysenterie et du sida. Ils vivent dans des huttes primitives. L'alimentation en eau potable et en fruits et légumes frais y est déficiente. On n'a pas respecté la belle structure des villages d'antan. Les nouveaux venus reçoivent très peu d'argent pour leurs pierres précieuses, ils ont affaire à des commerçants maîtres menteurs et voleurs...

Ces chercheurs de diamants sont reçus charitablement par les missionnaires: il y a donc un besoin grandissant de nourriture et de médicaments. Cas désespérés, épidémies de diarrhée rouge... la main-d'œuvre des villages est très diminuée physiquement.

La présence de l'avion d'ASF crée un climat de confiance et d'espoir. Il soutient les efforts parfois surhumains des missionnaires pour garder certaines écoles ouvertes. Les vieux missionnaires enseignent eux-mêmes, puis ils tentent de sensibiliser les parents des enfants à la nécessité d'assurer un salaire aux professeurs zaïrois. L'avion soutient aussi les sœurs et les infirmières en transportant les médicaments nécessaires pour faire fonctionner les dispensaires.

ARRIVÉE DU NOUVEAU PILOTE

Pendant que je volais pour ASF-Kisangani, la direction d'ASF-La Prairie, avec Alain St-Pierre, était à la recherche d'un bon pilote de brousse-mécanicien. Carol-Guy Labonté, âgé de 55 ans, retraité de la Sûreté du Québec, avait piloté dans le Grand Nord du Québec et possédait une expérience de 2 500 h de vol. Le 3 mai, Carol arriva avec son épouse Angèle à Kinshasa. Opération valises... En descendant à l'aéroport international Ndjili, ils reçurent un bain de foule zaïroise qui leur donna un choc culturel: douanes, pauvreté, quémandage. Ils ne s'attendaient pas à ça. Les lois n'existaient plus. Seul le dollar trônait. Pour obtenir leurs bagages et le permis de vol et entrer dans la zone minière de Kisangani, il fallait payer! Du 10 au 15 mai, Carol et Angèle s'acclimatèrent tant bien que mal tout en organisant leur habitat: moustiquaire, air conditionné et rencontres avec Gerry, Léon et Adolf pour se familiariser avec notre bureau d'ASF.

J'entraînai Carol à partir du 13 mai. Nous avons fait un vol de Kisangani à Bondo sans *GPS*, au-dessus de la fameuse jungle, durant deux heures. Il avait chaud et cherchait des points de repère: aucun... Il était accoutumé aux lacs et rivières du Canada. Ici, c'était très différent. Durant le vol, Carol ne vit que des arbres, la jungle en avant, à droite, à gauche et des orages isolés.

— Guy, me dit-il, transmets-moi l'expérience et la confiance que tu possèdes. Est-ce qu'un bimoteur ne serait pas plus sécuritaire?... Je ne suis pas mécanicien. Je ne me sens pas à l'aise. Je ne croyais pas que le pilotage ici serait si difficile.

— Mon cher Carol, un jour à la fois! lui répondis-je en le rassurant. Tu es un pilote professionnel au Canada. Tu t'adapteras au paysage et même tu l'aimeras. Toutes les 25 h, tu voleras vers Dungu et tu apprendras avec Masta à procéder aux différentes inspections. Masta est entraîné depuis 10 ans, par Lajeunesse, puis Berger et enfin moi-même. J'ai entièrement confiance en lui. Maintenant, si tu as un doute sur une pièce mécanique du Cessna, laisse l'avion dans le hangar et demande de l'aide. Après 100 h de vol au-dessus de la jungle, tu auras confiance en toi et en ton mono-moteur comme en ton propre cœur. Presque un million d'êtres humains bénéficieront de tes vols au-dessus de la forêt de brocoli... Courage!

CONCLUSION

Je considère comme un privilège la confiance que les diri-geants d'ASF-La Prairie et le frère Gerry Selenke me témoi-gnèrent à l'occasion du lancement du service humanitaire aérien au Zaïre.

Aucun incident particulier ne vint mettre en danger la vie des passagers ou la sécurité de l'avion, mais beaucoup d'anec-dotes me reviennent en mémoire. Les relations avec les auto-rités civiles et missionnaires du Zaïre furent calmes et progressives. Les deux coordinateurs, Léon et Adolf, furent bien entraînés et ont compris et mis en pratique les objectifs d'ASF au Zaïre.

Sagesse – envol – libération s'y réalisent.

Dans les prochaines années, un second Cessna 206 sera sûrement nécessaire pour le service aérien si le nombre d'heures de vol passe de 50 à 80 par mois. Le besoin s'en fera alors sentir.

En écrivant ces lignes, le 1er juillet 1995, je me sens heureux d'avoir rendu service en utilisant ma formation et ma personnalité au Zaïre tout en considérant comme un immense bonheur d'avoir eu ma chère famille et mes bons amis d'ASF.

ANECDOTES

Licence de pilote pour le frère Gerry Selenke

Gerry a toujours été fasciné par les avions depuis son plus jeune âge. À 25 ans, il a pris un permis de montgolfière et a parcouru les cieux des plaines du Texas.

Le 11 mars 1995, je suis allé à Kinshasa pour l'obtention des permis d'enregistrement et d'aéronavigabilité du Cessna 206 C-FLOK. Un responsable du ministère des Transports et des Communications m'a remis un document pour Gerry accompagné d'une facture.

— Je veux bien payer 250 $, mais puis-je savoir pourquoi? demandai-je au responsable.

— Commandant, dit-il, Gerry est un grand ami depuis des années. Je lui envoie son permis de vol commercial et aux instruments pour qu'il puisse voler avec son Cessna 206. Il en est capable et est en très bonne santé. Pas besoin d'examen médical.

Je remis l'enveloppe à Gerry avec la facture que j'avais payée.

— Merci, Guy, dit-il en souriant. Au Zaïre, la loi est très élastique face à l'argent, au *matabish* (pourboire).

Gardes du corps de Mgr Monsengwo

De ma chambre, j'entendais de beaux chants en provenance de la cathédrale à l'occasion des cérémonies du Jeudi saint. Je m'approchai, mais ne pus entrer à cause de la foule.

Tout à coup, je vis une jeep Toyota neuve, blindée, vitres teintées, arrivant à toute vitesse près de la sacristie. En surgirent deux géants, habillés correctement et arborant des lunettes noires, pressant Mgr Monsengwo de monter dans la jeep, revolver au poing. Aussitôt qu'il fut assis, la voiture partit à toute allure vers la ville.

Je restai figé, stupéfait. Qu'est-ce qui se passait? Je croyais qu'on venait d'enlever Mgr Monsengwo. Je me dirigeai rapidement vers la chambre du père Tremblay, le chancelier, un père Blanc d'Afrique, et je lui racontai les événements.

— Guy, ne t'en fais pas, me dit-il. Je sais que tu as vécu au Rwanda et au Burundi, mais c'est normal ici au Zaïre. Mgr Monsengwo est président de l'Assemblée nationale, donc politicien. Comme Mobutu, il est accompagné partout jour et nuit de gorilles (gardes du corps) pour sa protection.

— Oh là là! m'exclamai-je, qu'en pense Jésus-Christ?

— Mon cher Guy, que ta foi soit plus grande que ce que tu vois.

Camions et autos préhistoriques de Gerry

«Pas de problème, écrivait frère Gerry, en décembre 1994. Le pilote aura sa maison personnelle, air conditionné, cuisine. Pour le transport, un camion pour l'avgaz et une bonne automobile.»

Tout confiant, j'arrivai avec mes valises le 22 février.

À la procure, les trois premiers soirs, je dormis dans la chambre où le Pape avait dormi lors de sa visite, en 1983. Avec grand respect, je m'installai, croyant à un certain confort.

Quelle nuit horrible ai-je passée! Les maringouins ne me respectèrent pas. La moustiquaire était trouée. Le matin, je réalisai aussi que les moustiquaires des vitres avaient été arrachées de l'extérieur. Je pris immédiatement mes pilules de nivaquine contre la malaria.

Il faisait très chaud. Gerry m'acheta un éventail électrique et une sœur vint recoudre la moustiquaire de mon lit.

Trois jours plus tard, Gerry me donna une autre chambre, mieux équipée, propre, avec des étagères en acajou pour mettre mes outils et pièces d'avion.

Quant au fameux camion Ford militaire de 1945, parlons-en! Pas de batterie ni de démarreur. Dix hommes devaient le pousser pour lancer le moteur qui émettait une fumée bleue dite «chasse-maringouins». Ce camion n'avait ni immatriculation ni assurance.

Quant à la Madza 1981, ce n'était guère mieux: accidentée, mais réparée, mais ni immatriculée ni assurée. Gerry avait fait poser des bandes magnétiques sur les portières: «procure-ASF-Kisangani».

— Pas de problème, m'affirma-t-il. Ni la police ni les soldats ne t'arrêteront. Le général a transmis l'information et l'ordre.

— Tout de même, les missionnaires devraient respecter certaines lois au Zaïre, lui répondis-je.

— L'important, me dit-il, c'est que l'avion vole...

Mes voyages journaliers de 18 km vers l'aéroport furent remplis de situations délicates. Sur la route, je fis deux crevaisons avec mes passagers:

— Ne vous en faites pas, leur dis-je pour les rassurer, je suis mieux équipé pour l'avion...

Les vitres électriques de la Madza ne se remontaient pas lorsqu'il pleuvait et les essuie-glaces ne marchaient pas. Je devais nettoyer les bougies tous les matins parce que les pistons du moteur étaient usés.

— Gerry, je t'en supplie, achète une bonne jeep pour ton pilote et aie un peu de respect et de fierté pour le service aérien. Tes missionnaires utilisent une bonne voiture pour leur travail.

Gerry me prêta alors une Renault 16, 1979. Tout alla bien une semaine, après quoi je sentis une odeur d'essence venant de l'arrière. Un matin, j'ouvris le coffre: c'était imbibé d'essence. Un contact électrique et le tout sauterait comme une bombe. Carol était avec moi ce jour-là.

— Il faut un minimum de confort pour pratiquer la vertu et aussi un minimum d'automobile pour faire des vols d'avion. Passe-nous au moins ta Jimmy Chevrolet avec air conditionné...

Le travail artisanal sur les camions à la procure est source d'admiration et d'ingéniosité selon l'ingénieur Jean-Pierre Massé, qui a visité la mission.

À Kisangani, Gerry s'est organisé pour être autosuffisant. Il a un camion-grue pour les constructions, des camions-citernes pour transporter l'essence, le diesel, l'eau potable, une ambulance, un tracteur, une chargeuse, des camions à vidanges, des camions militaires et des jeeps de toutes les marques. Tout circule librement dans la région de Kisangani et en toute légalité.

Félicitations, Gerry! Il ne te manquait plus qu'un Cessna 206...

Merci pour ta générosité et ton amitié!

Chapitre 17

Envol entre les pillages:
Dungu et Kisangani

Au Canada, où je revenais régulièrement entre deux séjours de pilotage, les dirigeants d'Avions Sans Frontières m'occupaient à diverses tâches. Le projet RTM de récupération de vêtements usagés fonctionnait sur le pilote automatique, bien guidé par Nicole Monette et Pierre

P.-A. Sénéchal, Ndombe, moi-même et Masta à Dungu.

255

Campeau. Mes activités étaient variées, notamment pour assurer la promotion de l'organisme et pour organiser les collectes de fonds. Quoique ce ne fût pas mon sport favori, je faisais de mon mieux avec enthousiasme.

Loto-Québec a instauré un excellent programme pour financer les organisations humanitaires. Il s'agit de la Loto-matique.

L'homme de la jungle se lança donc dans la partie. Jacqueline Masse et Rodrigue Arsenault préparèrent des présentoirs de 20 formulaires de loterie à remplir incluant de la documentation promotionnelle sur ASF.

Les concessionnaires d'automobiles furent mes premières cibles. Mon album de photos sous le bras, je leur demandais de laisser un présentoir Lotomatique-ASF.

— Avec plaisir, me répondit un gérant. Dans la salle d'attente, les gens auront le temps de lire les documents et de participer ou non, à leur gré. Vous m'avez fait peur! Vous avez tellement parlé d'aviation que je vous croyais vendeur de turbines de chez Pratt & Whitney Canada pour remplacer nos moteurs de Cadillac 2000...

Je visitai aussi les centres médicaux et de dentistes, les garages, les banques et d'autres lieux susceptibles de posséder une salle d'attente. Loto-Québec donnait à ASF 1 % de la somme gagnée grâce à nos présentoirs. Un gagnant de 3 000 000 $ pouvait rapporter 30 000 $ à ASF. Deux ans plus tard, nos présentoirs étaient en place dans 464 endroits différents, ce qui nous fit une bonne promotion et rapporta une bonne somme d'argent.

J'admire le travail d'équipe réalisé par Avions Sans Frontières. C'est grâce à la collaboration de plusieurs béné-voles dévoués que mes tournées promotionnelles sont des succès, que ce soit à Radio-Canada, à TVA lorsque je me retrouve en photo en tenue de commandant, à la radio, en entrevue, leur aide m'est d'un précieux secours. Mes 40 années de travail dans le tiers-monde m'ont donné un vernis de vérité, d'intérêt et d'humour. «P'tit père au Congo ne peut exagérer...»

Le tirage au sort de la Mercedes-Benz n'est pas de tout repos. Branle-bas de combat général de courrier, d'appels téléphoniques: bon an mal an, il faut vendre depuis 1998 4 000 billets d'une valeur de 100 $ chacun; la dernière semaine est toujours la plus difficile, mais finalement tous les billets sont vendus. «Mission accomplie!» lance fièrement le frère Robert Gonneville, qui achète une Mercedes par année... mais doit la donner au gagnant du tirage.

À l'hiver 1995, Jacqueline Masse et Rodrique Arsenault élaborèrent un programme de visites dans toutes les paroisses de la région de Montréal, le but étant de donner la parole à Terre Sans Frontières et aux frères de l'Instruction chrétienne durant les services religieux les samedis et dimanches. Ce projet fut accueilli avec chaleur.

Depuis trois ans déjà, je donne de 4 à 6 allocutions par semaine dans 46 paroisses et les dons à la quête sont appréciables. Voici un résumé de mes sermons, sans sermonner... puisque je demeure un être humain et pas un ange: «Jésus-Christ fut le premier missionnaire. Il est venu pour nous sauver et nous rendre service à tous sans frontières. Il fut un excellent professeur rempli de sagesse et d'humour. Pour ceux qui avaient faim, Jésus multipliait le pain et faisait des pêches miraculeuses. Il donnait de l'eau claire à ceux qui avaient soif. Il changeait même l'eau en vin pour un mariage, il faut le faire! Il guérissait les malades et les infirmes. Surtout, il fut le grand conseiller, le plus grand sage et, par sa parole et son charisme, il rassembla les foules en donnant confiance et espoir. Il fut un grand orateur. Ce conseil: «Aimez-vous les uns les autres et pardonnez à vos ennemis» demeure le principe de base qui guide les missionnaires que nous sommes tous.»

Dans mes présentations, je décris aussi le travail des médecins, des optométristes, des dentistes, des professeurs, des techniciens, des catéchètes, qui, tout en restant laïques, rendent bien des services aux gens isolés même s'ils ne sont sur le terrain que pour de courts séjours.

«Vous-mêmes, paroissiens, vous êtes des missionnaires si vous le voulez. Donnez de sages conseils, souhaitez du bien à ceux qui vous entourent, utilisez le téléphone pour bavarder avec ceux qui sont déprimés, visitez les malades. Il ne s'agit pas d'énerver ceux qui souffrent, de critiquer les institutions, mais de partager votre confiance et votre espoir... aujourd'hui», leur dis-je chaque fois.

Ces 14 minutes d'allocution se terminent souvent par des applaudissements spontanés... à la grande surprise du curé!

J'aimais bien ces activités. Elles me permettaient de demeurer auprès de ma famille même si je restais en disponibilité pour un départ au Zaïre.

En février 1996, Robert Gonneville me demanda de remplacer le pilote de Dungu qui, malade, revenait au Canada. De nouveau, je dus annoncer la nouvelle à mon épouse:

— Ruth, dis-je en passant mes grosses mains chaudes sur ses épaules et son cou, ASF a une urgence à Dungu. Le pilote est malade et l'avion est au sol.

J'attendis sa réponse.

—L'hiver est très froid cette année, tu as l'air fatigué, répondit Ruth. De bonnes vacances sous les tropiques, voilà ton remède préféré, Guy! Je suis heureuse que tu aies cette chance. Les enfants vont bien. Durant tes absences, ils développent de plus en plus leur sens des responsabilités. Tu peux partir en paix.

L'attitude de Ruth envers mon travail est une vraie bénédiction. Elle est sûre d'elle et confiante envers ses habiletés. Je discerne en elle une grande sagesse qu'elle communique aux enfants et à ceux qui fréquentent ses programmes latino-américains de musique et de danses folkloriques.

À 18 ans, elle parcourait déjà son pays, le Pérou, au fil de l'Amazone en tant qu'infirmière, missionnaire laïque et catéchète. Ses talents de communicatrice fascinaient et attiraient les Indiens witotos. Au Canada, par la suite, elle a continué à promouvoir le folklore des Andes en donnant des spectacles, tous les 15 jours, pour différents organismes dont Développement et Paix, avec une troupe de danseurs et de musiciens s'accompagnant de la flûte de Pan (*zampona*), du *charango*, du *bombo* (grosse caisse) et de la *guitara*. Elle se rend même à Boston pour participer au festival folklorique *Musica Andina* (Musique des Andes).

Avec la paix de l'esprit que mon épouse m'avait souhaitée, je partis pour le Zaïre. Après quelques mois au sol, le Cessna 206 avait besoin d'une inspection, mais le 15 février 1996, le service d'aviation à Dungu recommença, à la grande satisfaction des gens. Je volais 60 h par mois et j'étais satisfait de trouver les pistes de brousse en bon état. L'efficacité de notre ami Ndombe y était pour beaucoup. L'herbe était coupée à la machette et les chèvres faisaient le reste. Les radios fonctionnaient bien.

Piste d'atterrissage de Matkomnai.

Que d'améliorations depuis l'époque de la transmission des messages par tam-tam ou par signaux de fumée pour trouver la direction du vent! Grande première pour la jungle: à la base d'ASF-Kisangani, où Carol-Guy Labonté pilotait le Cessna *Normand Berger Memorial*, Gerry Selenke venait d'installer un système de téléphone-télécopieur relayé par satellite. De l'enfer vert du Zaïre, nous pouvions ainsi parler ou envoyer une lettre à nos familles, commander des pièces d'avion de Montréal ou Saint Louis. C'était le *nec plus ultra*... Nos grands-pères n'auraient jamais cru cela possible, pas plus que nos pères d'ailleurs. Je fus émerveillé de pouvoir accéder à la technologie moderne non seulement dans les grandes villes, mais dans ces lieux isolés. Le moins fortuné des Zaïrois pouvait en bénéficier. Une preuve de sagesse bien utilisée!

En revenant ainsi sur ma carrière de pilote de brousse, je réalise les bonds énormes réalisés dans les communications: des cinq radios à piles que nous avions en Papouasie, au premier HF-SSB que je montai à Iquitos, jusqu'au bijou de radio-émetteur de la technologie moderne d'aujourd'hui avec ses panneaux solaires et ses relais par satellite.

Nos instruments de navigation ont aussi fait des progrès fantastiques durant mes 40 ans comme pilote de brousse.

Lorsque je pilotai en Papouasie, l'IFR signifiait: «*I follow rivers*» (Je suis les rivières). La boussole indiquait la direction, tandis que l'horizon artificiel nous aidait à garder les ailes à niveau pour ne pas partir en piqué. Le *GPS* a révolutionné le pilotage de brousse: à tout moment, on peut savoir sa position, la direction et la distance à parcourir vers le prochain site d'atterrissage.

En mai 1996, un jeune pilote de 27 ans, Pierre-Alexandre Sénéchal, arriva à Dungu dans le but de se familiariser avec l'opération ASF et de rencontrer Ndombe et Masta. En attendant d'obtenir son permis de vol zaïrois, il commença son entraînement de pilote de brousse avec navigation de base (sans *GPS*). Pierre-Alexandre se perdit plusieurs fois.

— Tu vois, Pierre-Alexandre, l'importance de commencer par la navigation à la boussole et à la montre, lui fis-je remarquer. Les points de repère sont rares et les vents plus forts que tu ne le crois. Si le *GPS* tombe en panne ou si les satellites sont réorientés, par exemple en cas de guerre, tu vas chercher ta mère longtemps...

Je dois avouer que Pierre-Alexandre fut l'un des plus brillants pilotes que j'ai entraînés et qu'il savait écouter.

— Pierre-Alexandre, si tu me laisses le temps de te donner toutes les informations dont je dispose et si tu écoutes attentivement, tu ne feras pas d'erreurs.

En prononçant ces mots, je réalisai que c'était le même conseil que mon père m'avait donné dans la ferme lorsque j'étais jeune.

Je revins à Montréal en juin 1996. Je fis rapport aux dirigeants d'ASF de la bonne coopération des Zaïrois. Il fait chaud au cœur de savoir que des gens isolés comprennent qu'ASF et Wings of Hope s'intéressent à leur santé, à leur éducation, à leur ravitaillement en nourriture et en eau potable, tout comme à leurs âmes. La coopération entre ces deux organismes avait permis de faire une énorme différence pour le développement au Zaïre, depuis 1985.

Aujourd'hui, je m'émerveille en regardant les photos de ces gens, prises il y a des années. Ces pionniers ont reconnu la nécessité des petits avions et de la radiophonie, et ils se sont engagés comme le prône le slogan: «*Se mouiller pour le tiers-monde.*»

Je salue au passage les fondateurs de Wings of Hope, États-Unis: Bill Edwards, Joseph Fabick, Paul Rogers et George Haddaway. Je remercie les pionniers d'Avions Sans Frontières, Canada: Robert Gonneville, Jean-Pierre Massé, Lionel Trudel et Jacqueline Masse.

Grâce à la technologie moderne des Cessna 185 et 206, Wings of Hope et ASF ont réussi à libérer des êtres humains de la maladie, de l'ignorance, de la faim, de la soif, de la crainte et de l'anxiété, et ce, un peu partout dans le monde. Ensemble, nous avons créé un climat de solidarité et de paix. Peu de gens peuvent se réclamer d'autant de compassion.

Chapitre 18

«Soyez le bienvenu, Guy!»

Le 16 juin 1997, après trois heures de vol entre Goma et Dungu (République démocratique du Congo), j'aperçus un paysage familier: la rivière Uélé, les maisons avec leur toit de chaume, les écoles, la cathédrale, le hangar d'ASF. J'atterris en douceur sur une étroite lisière de foin fraîchement coupé tandis que les ailes fouettaient les grandes herbes. «Depuis décembre 1996, la jungle regagne du terrain», pensai-je. En approchant du hangar, je distinguai six soldats en position de tir, leurs mitraillettes braquées sur l'avion. Les passagers, Maurice St-Laurent, provincial des frères de l'Instruction chrétienne, et Lucien Fortin, procureur des missions et agent du Haut-Commissariat aux réfugiés (ONU), disposaient de deux semaines pour constater les dommages dûs au pillage et monter des projets de reconstruction et de développement.

Avec grande émotion à mon tour, je touchai le sol de Dungu. Devant moi, je vis mes amis immobiles, sans sourire, peu enthousiastes, et pourtant pas tristes. D'une voix sans éclat, Ndombe, Masta et Étienne me dirent:

— Soyez le bienvenu, Guy.

Ils avaient maigri. Pendant mon séjour de deux jours chez eux, j'écoutai leurs aventures de fuyards, leur vie de brousse. Ils avaient été pourchassés pendant quatre mois (de janvier à avril 1997) par les soldats de Mobutu jusqu'au cœur des forêts denses et éloignées. En les quittant, je n'hésitai pas à leur lancer:

— Vous êtes mes héros! Ndombe et Masta, vous êtes des modèles de courage et d'amour pour vos femmes et vos enfants. Frère Étienne, tu es un exemple de solidarité et de dévouement pour la communauté religieuse et civile congolaise. Par votre charisme, ensemble vous avez donné espoir en des jours meilleurs aux populations isolées de Dungu. Vos amis de Terre Sans Frontières vous aiment plus que jamais.»

Le soir, tout en sirotant un Canadian Club acheté à Mirabel avant de partir, j'eus le privilège, en toute confiance, d'écouter les confidences venant du plus profond de l'âme de mes meilleurs amis zaïrois.

LES AVENTURES DE LA FAMILLE DE NDOMBE NESELE

La famille de Ndombe est constituée de son épouse Jacqueline, de ses deux filles, Caroline, 16 ans, et Aimée, 14 ans, et de Ndombe, son fils, 17 ans.

Depuis 1985, Ndombe est le directeur d'ASF à Dungu. Il s'occupe du hangar, des vols de l'avion, du bureau et de la maison du pilote. Il demeure près du hangar. En raison de leur emploi, les soldats pillards de Mobutu avaient ciblé les installations d'ASF. Le 26 décembre 1996, avec force crépitement de mitraillettes, les soldats ont pillé les outils et les pièces d'avion, puis vidé le bureau de ses accessoires et ordinateurs, ainsi que la boutique de réparation en électronique. Ils ont chargé le tout pêle-mêle dans des jeeps et camionnettes volées. La maison du pilote fut aussi vidée. Lits, chaises, tables, literie, ustensiles de cuisine: la maison fut bien nettoyée... tout comme celle de Ndombe. Les soldats avaient même torturé Ndombe, espérant ainsi lui faire dire où se trouvait l'argent du service d'aviation.

La caravane de la famille Ndombe se mit en marche. Ils étaient chargés comme des mulets: vêtements, ustensiles, nourriture, couteaux, haches. Imaginez Ndombe, 52 ans, avec sa radio HF-SSB, une batterie de 12 volts, un panneau solaire et le rouleau de fil d'antenne de 10 m sur le dos, tentant de communiquer avec d'autres postes de mission. Ainsi commença une fuite qui dura plus de quatre mois. Adieu la bonne tasse de café du matin, les bons repas du midi et du soir! Adieu lits confortables! Il fallait apprendre à dormir sur les fougères à la belle étoile ou, quelquefois, sous la pluie, sous des plastiques.

Leur première grande préoccupation fut de ne laisser aucune trace dans l'herbe ou en cassant des branches. Tousser, rire, éternuer étaient prohibés. Il fallait changer de cachette tous les deux ou trois jours. Les aliments ne pouvaient être cuits que la nuit de peur que, de jour, la fumée attire les soldats.

— Mon cher Guy, ce jour-là, j'ai reculé ma montre de 3 000 ans, plaisanta Ndombe.

Un jour, un soldat arriva directement sur leur cachette, par hasard. Il demanda à boire et à manger, sans oublier de quêter de l'argent. Chantal, la nièce de Ndombe, était présente. Le soldat la demanda en mariage et menaça de les tuer tous si elle n'acceptait pas. Ndombe conseilla à Chantal de dire oui... pour le meilleur ou pour le pire. Fidèle à la coutume zaïroise, le soldat donna 10 $ pour la dot, puis Chantal et le soldat partirent dans la jungle. Après trois heures de marche, ils eurent soif.

— Je connais une source d'eau près d'ici, dit Chantal au soldat. Passe-moi ta gourde, je vais te chercher de l'eau.

Elle partit aussitôt et, grâce à sa bonne connaissance de cette partie de la jungle, elle disparut, laissant le soldat sur sa soif, courant rejoindre le groupe de Ndombe. Grâce au sang-froid de Chantal, sa famille fut sauvée.

Quelques jours plus tard, Ndombe partit à la recherche de riz pour sa famille. Arrivant près d'un champ cultivé, il s'approcha des huttes. Il entendit des éclats de voix entre un homme et une femme: une dispute conjugale sans doute. Il s'annonça tout de même et, à sa grande surprise, il reconnut Ngandi, son ami, un sorcier du village.

— Imagine-toi, Ndombe, qu'après quatre jours d'absence, voilà ce que je retrouve dans ma maison, dit le sorcier. Regarde ma femme, elle porte une nouvelle robe blanche avec une série de boutons violets sur le devant. Et voici ma fille, Isabelle, portant une blouse blanche aussi, mais avec des manches et des épaulettes en soie de couleur violette. Regarde sur mon lit: il y a trois épaisseurs de beaux tissus de différentes couleurs. Ma femme m'a avoué qu'elle avait participé au pillage de la mission et au partage avec les soldats de Mobutu.

— La jupe et la blouse prouvent que ta femme est une excellente couturière, répondit Ndombe en souriant.

— La situation est grave, dit le sorcier. C'est le choc des pouvoirs divins. La dose est trop forte. La soutane de Mgr Richard de Dungu est transformée en jupe et en chemise. La ceinture de chasteté de monseigneur orne les épaules de ma fille. Comment dormir confortablement sous les chasubles de monseigneur? Je suis un honnête homme. J'ai mes pouvoirs et Mgr Richard a les siens. Il faut se respecter tout de même, sinon Dieu nous punira!

Selon Ndombe, quelques jours plus tard, le sorcier abandonna la lingerie de monseigneur quelque part au pied d'un arbre dans la jungle.

Ndombe me conta aussi que dans le village d'Ingi, à 60 km de Dungu, le curé Mayelle avait été attaqué dans sa maison: les soldats lui avaient volé ses biens et l'avaient maltraité. Il réussit à s'enfuir à bicyclette à toute vitesse, mais sous l'effet de la panique, il fit une chute. Il s'infligea une fracture ouverte à la jambe droite. Comme le dispensaire avait été brûlé par les soldats, il n'y avait plus d'infirmier ni de médicaments. Les gens du village le soignèrent de leur mieux avec des herbes. La fracture s'infecta, puis le tétanos s'empara de tout son corps et il mourut dans d'affreuses souffrances, sans morphine ni opium.

LES AVENTURES DE LA FAMILLE
DE MASTA YAKO

La famille de Masta est constituée de sa femme Jacqueline et de 5 enfants: Apollo, 10 ans; Nelson, 7 ans; Gisèle, 5 ans; Berthe, 3 ans; et Bini, 8 mois.

Masta est le mécanicien d'ASF depuis 1985 et peut maintenant signer les relevés d'inspection des avions toutes les 50 et 100 h. Il est fier, habile et responsable. À l'époque, sa demeure se composait de deux huttes circulaires sur une base en brique, avec toit recouvert de palmes. Il était fier de me dire que sa maison était plus fraîche que celle du pilote avec son toit de tôle galvanisée. Il avait raison. Il avait installé l'électricité, ce qui lui permettait d'avoir de la lumière, de la musique, la télévision et un magnétoscope lui permettant de visionner des films en compagnie de ses amis du village le soir. Une famille heureuse, quoi!

Anticipant le pillage, Ndombe et Masta avaient envoyé le pilote, Pierre-Alexandre Sénéchal, avec le Cessna 206, à Nairobi (Kenya). De plus, Pierre-Alexandre ne pouvait plus dormir tant il était rongé par l'inquiétude et l'anxiété.

Pillage! Pillage! Cachez-vous dans la brousse! C'était le 26 décembre 1996. De loin, caché dans la brousse, Masta vit le hangar d'ASF être dévalisé. On défonça les portes pour voler les outils, les pièces de rechange de l'avion, les ordinateurs et l'équipement électronique. Puis, les soldats se dirigèrent vers sa chère maison. Il me confia:

— Guy, tu peux t'imaginer comme le cœur me faisait mal. Il m'a fallu 10 ans pour construire peu à peu cette maison pour ma femme et mes chers cinq enfants. En 30 minutes, les soldats de Mobutu m'ont tout enlevé... Je suis comme le saint homme Job dans la Bible. Mais Jacqueline et moi sommes jeunes et avons encore le courage de recommencer, parce que l'avion d'Avions Sans Frontières est revenu aujourd'hui et que son service humanitaire continuera d'aider nos gens qui ont souffert.

Ce jour-là donc, la famille Masta prend la fuite, s'enfonçant dans la jungle. Imaginez, avec cinq enfants! Franchement, Masta et Jacqueline sont des héros, portant les bébés dans leurs bras, chargés de vêtements, d'ustensiles, de nourriture, de couvertures, de couteaux et de haches. Comme elle est forte, la volonté de l'être humain!

Peut-être qu'en lisant ces lignes vous vous demandez pourquoi Ndombe et Masta n'ont pas utilisé d'animaux de bât comme des ânes ou des chevaux? Il y a 75 ans, les Belges avaient importé ces animaux mais la mouche tsé-tsé, dont la piqûre provoque la maladie du sommeil, les tua tous. Cette mouche pique aussi les humains, qui doivent alors être soignés sur-le-champ.

Masta mérite aussi une médaille de sauveteur.

Le 9 janvier 1997, les frères de l'Instruction chrétienne canadiens hésitaient à sortir de Dungu, même s'ils avaient subi le pillage et malgré les avertissements sérieux de Ndombe, Masta et Étienne.

— C'est l'orage, leur disait Masta. Il vous faut sortir du Zaïre. Votre présence nous compliquera la vie. Nous ne pouvons vous cacher et vous ne pourrez pas survivre dans la brousse. Vous reviendrez lorsque le pays sera pacifié.

Par radio et caché dans la brousse, Masta contacta MAF (Mission Aviation Fellowship) d'Entebbe (Ouganda). Il s'agissait de la dernière chance pour les frères canadiens de Dungu, du dernier vol de MAF au Zaïre.

En catastrophe, un Cessna 208 Caravan atterrit à 13 h en bout de piste. Dans le ronronnement de sa turbine, les frères Maurice, Lucien, Rosaire, Michel et sœur Vilma sautèrent à bord pour s'envoler vers Nairobi. Au sol, Masta vit les soldats tirer des rafales de mitraillette sur l'avion qui décollait.

«Ma couronne du martyre sera pour la prochaine fois, pensa le frère Maurice St-Laurent durant le vol... Grand merci, Masta... et merci aussi au brave pilote de MAF.»

«Arrête de chanter, coq stupide!» pensa Masta qui avait amené quelques poules et un coq dans leur fuite.

Pendant que la famille dormait sous des plastiques recouverts de feuilles de palmier, le coq accueillit le soleil en chantant victoire, mais hélas! il dévoila ainsi aux militaires la cachette de la famille Masta. Six soldats arrivèrent et forcèrent Jacqueline à leur préparer un repas de riz au coq... Les cinq enfants espéraient une bonne soupe au poulet pour cette journée-là, mais pas de chance!

Un jour, Masta sortit de sa cachette pour rendre visite à des fermiers et acheter des bananes et du manioc. Il aperçut deux huttes et s'y présenta. Surprise! il y avait huit soldats à l'intérieur. Masta eut un éclair de génie:

— Bienvenue dans ma hutte! dit-il.

Les soldats lui offrirent un peu de nourriture volée, mais Masta ne s'amusa pas trop avec eux. Il s'esquiva quelques minutes plus tard. Durant la nuit, sans lumière, il regagna sa cachette au mépris des tarentules et des serpents. Comment put-il s'orienter? Je crois que le cerveau de Masta fut plus efficace que mon GPS dans l'avion.

Vie de famille en brousse

L'eau potable est essentielle à la survie en brousse. Masta sait reconnaître une source à la végétation environnante. Comme la fumée pouvait alerter les soldats, c'est de nuit seulement que Jacqueline faisait cuire le riz, le manioc, le maïs, puis préparait les pistaches et les bananes. Réorganiser sa cachette tous les trois jours pour vivre et dormir demande des capacités d'ingénieur... et beaucoup de travail. Il fallait se défendre des moustiques, des fourmis rouges, des guêpes, des épines. La végétation est très dense dans la jungle. Puis, les singes cherchaient à voler la nourriture.

Pour que les soldats ne repèrent pas sa cachette, Masta ordonna aux enfants de ne pas jouer, crier, siffler ou pleurer. Il fallait que Jacqueline soit toujours prête à donner le sein, même de force, pour que le bébé Bini, âgé de huit mois, arrête de pleurer. Jamais nos grands-mères ne furent aussi éprouvées... Comme Masta avait beaucoup d'enfants, les autres familles le fuyaient comme la peste, de crainte que leurs bruits les fassent repérer par les soldats.

Masta et Jacqueline ont vécu cinq mois d'angoisse: crainte de se faire trahir et peur pour la santé des enfants. Jacqueline devrait se voir discerner un diplôme d'infirmière *emeritus*. En mai 1997, Masta et sa famille purent réintégrer un logis, dans une maison prêtée par les missionnaires.

— C'est un miracle du Seigneur, me raconta Masta, que nous ayons tous survécu à tant de misère: malaria, dysenterie, anémie. Imagine, Guy, avec 5 enfants de moins de 11 ans, nous avons vécu comme des oiseaux. Je crois aussi que mon grand ami, le frère Normand Berger, mort dans l'accident d'avion à Goma et dont je garde la photo sur moi, nous a tous protégés. La confiance et l'espoir nous ont permis de survivre.

Chaque matin, Apollo et Nelson nous demandaient:

— Papa, maman, pourquoi sommes-nous dans la jungle? Que faisons-nous à vivre dans la brousse? Quand retournerons-nous dans notre maison? Quand pourrons-nous aller à l'école et voir nos amis?

Je passais mes mains endurcies par le maniement de la machette et de la hache sur leurs têtes et je caressais leurs joues...

— Dieu seul le sait, leur répondais-je.

Cette caresse aux enfants ramenait la confiance, l'espoir.

Frère Étienne Mbolifuhe et sa petite communauté

Étienne était un Zaïrois grand de taille, fort et toujours souriant. Il avait 30 ans à l'époque des faits relatés ici. J'aimais bien jaser avec lui des coutumes de son village, pour faire avancer la science... Nous chantions avec enthousiasme:

Dans la vie, il y a des hauts

Dans la vie, il y a des bas

Ne t'en fais pas pour cela

Mets cela derrière ta tête

Mets du soleil dans ta vie.

Cette chanson prit tout son sens lorsque je le rencontrai le lendemain de mon arrivée à la maison pillée de la communauté FIC.

— Attention, Guy, ne t'appuie pas sur cette colonne, me cria-t-il.

— Te voilà rendu peureux, maniaque! lui répondis-je.

— Une bombe a été cachée à cet endroit durant deux mois pour faire sauter toute la maison, me dit-il en riant, mais elle n'a pas explosé. Notre fondateur, le père Jean de La

Mennais, nous a protégés, moi et les quatre autres frères zaïrois. Nous avons dormi paisiblement auprès de cette bombe jusqu'à ce qu'un soldat ougandais inspecte les lieux et la désamorce.

Après le départ des frères canadiens, Étienne devint responsable des frères zaïrois, qui demeurèrent sur place. Ils vécurent cinq mois de peur et d'angoisse. Il sut cependant organiser des cachettes dans la jungle, trouver de l'eau potable et la nourriture nécessaires. Il poussa l'ingéniosité jusqu'à fabriquer des cannes à pêche pour prendre de gros poissons dans la rivière Uélé. La diète des frères est à base de *pondu*, qui est fait de feuilles de manioc broyées mélangées avec de l'huile de palme, du beurre d'arachide et du *pili-pili*, un piment rouge excessivement fort.

Étienne fut une inspiration pour tous, un leader dans les situations de crise. Il consolait ceux qui perdaient des enfants des suites d'une maladie ou des membres de leur famille, tués par les soldats. Il craignait la trahison de la part de ceux qu'il aidait. Ami aujourd'hui, mais sans raison ennemi demain! La reconnaissance ne serait-elle pas de ce monde? Sa foi en Dieu était son phare, son VOR (*Vector Omni Range*)... en aviation.

Étienne était natif de Duru, près de Dungu. Il fut un vrai missionnaire et a créé un esprit de solidarité parmi les populations. Son nom était une bénédiction. Les gens cherchaient un sauveur, un libérateur, un héros. Étienne était présent... Encore jeune, ces mois lui ont fait comprendre le sens des mots *responsabilité sociale* et *conquête de la liberté*. Il a connu la violence, la misère, la souffrance dans sa propre chair...

— Guy, je ne pourrai plus être le même, me confia-t-il. Rendre service en risquant ma vie pour ceux que j'aime est la clé de l'Évangile que j'ai étudié. Maintenant, je l'ai vécu.

— Dans la vie, il y a des hauts, il y a des bas. L'arbre que tu as entretenu durant ces mois portera des fruits. Mon cher Étienne, les beaux jours reviendront. Le soleil continue à briller sur ce qui reste du pillage... Étienne, un héros va toujours de l'avant, comme un pilote. Dans l'avion, je n'ai pas de rétroviseur pour m'aider à reculer, tu le remarqueras.

Mon séjour de juillet à novembre 1997 pour ASF fut particulier et parfois cocasse. La présence du Cessna 206 et du pilote à Dungu, à Isiro, à Bunia et sur les pistes de brousse a permis aux populations de voir que leurs amis canadiens n'avaient pas abandonné les Zaïrois (maintenant appelés Congolais comme avant), dans cet isolement, cette misère et cette pauvreté causés par la mise à sac du pays.

Les frères de l'Instruction chrétienne reviendront et surtout redonneront leurs cours dans les écoles de brousse. Jean-François Dubois d'ASF se rend compte des besoins de la région de Dungu et de Kisangani en santé, en éducation et en eau potable. La reprise du service aérien humanitaire sera difficile à organiser.

Les soldats de Kabila contrôlaient maintenant nos pistes et notre hangar de Dungu, saccagé, vidé. La veille, à mon arrivée, il y avait des soldats cachés dans les hautes herbes lors de mon atterrissage; ils braquaient leurs mitraillettes sur moi, je les ai vus. Pour m'avoir permis d'atterrir en toute sécurité, ils ont demandé que je leur donne la moitié de ma cargaison: 4 pains sur 8, 2 sacs de légumes sur 4, 2 sacs de riz sur 4, et 10 gallons de diesel sur 20. Ils avaient faim... Vrai partage chrétien!

Gardons confiance, nos héros Ndombe, Masta et Étienne sont présents!

«AS-TU EU PEUR, GUY?»

Dungu, le 7 novembre 1997, 13 h, j'arrivais dans le Cessna 206 d'Avions Sans Frontières-Kisangani avec le nouveau pilote, Éric Cardon, et des passagers. Comme l'avion avait été stationné dehors sur la piste de Kisangani, exposé au soleil et à la pluie, je profitai du hangar pour faire une inspection: changement d'huile, bougies, magnétos, filtres, etc. Ndombe, Masta, le frère Lucien et moi-même discutions sous la surveillance de six soldats, dont deux jeunes filles, manipulant leurs mitraillettes avec professionnalisme comme il se doit dans l'armée de la nouvelle République démocratique du Congo...

Masta était à genoux en train de regonfler le pneu avant de l'avion, Ndombe avait la main droite sur l'hélice et de mon côté je synchronisais les magnétos. Il était 17 h 15 lorsque... *BANG! BANG!* À trois mètres de nous, une explosion, une pétarade. C'était la première fois de ma vie que je sentais une telle commotion dans mon ventre, mes poumons et ma gorge. Une vibration violente. «Qu'est-ce qui se passe?» Je crus à une crevaison du pneu avant que Masta gonflait. Je me retournai vers Ndombe, qui avait la peur gravée sur sa figure.

— Guy, as-tu vu les trous dans la toiture et le soldat figé avec sa mitraillette à trois mètres de nous? Guy, as-tu eu peur? me demanda Ndombe.

— Mon cher ami, suis-je vivant? Oui, j'ai encore très peur, lui répondis-je. Que se passe-t-il?

Par inadvertance, un soldat avait amorcé les balles que son commandant insérait dans le magasin de la mitraillette chaque matin. Voici comment p'tit père au Congo a failli recevoir des gros plombs... Ndombe calcula, avec toute sa science balistique, que, de la position du soldat, les tirs partirent dirigés vers le toit du hangar. Si la mitraillette avait été dirigée à l'horizontale comme ils les tiennent généralement pour nous saluer, nous aurions été fauchés ou bien le Cessna aurait été perforé avec le risque d'explosion que cela suppose.

La maison des pilotes étant inhabitable à cause du pillage de janvier, je logeais chez les frères de l'Instruction chrétienne. Au souper, Maurice St-Laurent raconta qu'il avait entendu des tirs provenant du hangar, durant la prière de la communauté et essaya d'agrémenter la conversation sur l'utilité des soldats dans le Haut-Congo. Chacun des frères congolais et canadiens raconta ses aventures avec les soldats de Mobutu et de Kabila. Je ne dis pas un mot au souper, de peur de déformer la vérité.

En me couchant, je pensai à mon épouse Ruth et à mes enfants et à tous mes amis de Terre Sans Frontières au Canada. Un sage a déjà dit qu'il n'est pas bon pour un pilote de s'endormir sur sa colère, mais ce soir-là j'ai failli le faire.

«Guy, as-tu eu peur?» Oui. J'ai frémi de tout mon corps, mais la Providence réservait encore de bonnes années pour p'tit père, au Congo ou ailleurs.

REQUIEM

Le pauvre soldat reçut 40 coups de fouet, passa un mois dans la prison locale et retourna à la vie de simple citoyen dans la brousse, manipulant sa machette avec professionnalisme: c'était plus rentable pour lui. Merci, soldat inconnu, de me redonner la joie de vivre.

ORAGE, JE PLONGE DE 1 220 m

En avril 1997, les dirigeants d'Avions Sans Frontières reçurent un message de Ndombe de Dungu: le pillage s'était raréfié, il n'y avait plus rien à voler. L'armée donnait la permission de reprendre les vols dans le Haut-Zaïre, mais le Cessna 206 devait être basé à Goma (République démocratique du Congo).

— Guy, accepterais-tu d'aller au Congo? me demanda Robert Gonneville. Fais attention, tu pourrais y connaître des situations risquées, mais le son de l'avion dans cette partie du Congo apportera l'espoir à des milliers de gens, à nos amis et transportera les docteurs et les médicaments nécessaires. Les hôpitaux et les dispensaires sont vides. Je t'accorde 24 h de réflexion en famille et tu es libre de refuser. Tu es le seul que nous puissions envoyer comme pilote pour le moment.

Je ne passai le mot à ma famille que tard dans la soirée.

— Ne t'inquiète pas pour nous, Guy, me répondit Ruth. Cela ne doit pas être si dangereux. Tu as reçu un appel de Ndombe ton ami. C'est ta vie. Fais-le avec l'aide de la Providence. Tu aurais dû mourir 25 fois, une fois de plus te donnera la satisfaction de rendre service. Jouer au hockey, au soccer et conduire dans une tempête de neige sont toujours courir après un risque. *Feliz viaje*! Bon vol!

Et voilà! À Nairobi, le frère Gerry Boivert me reçut avec bienveillance et me conduisit à l'aéroport Wilson où je fis une inspection de l'avion, puis le 17 avril 1997 je m'envolai vers Entebbe puis Goma. Léon Gonneville, le représentant d'ASF en Afrique centrale, m'offrit l'hospitalité et j'entrepris des démarches pour obtenir le permis de l'aviation civile. À ma grande surprise, je trouvai les mêmes responsables que je connaissais depuis des années. La guerre civile ne change pas les hommes au pouvoir. Le même jour, j'obtins les permis et les livres de bord reçurent leur tampon moyennant un *matabich* (un «cadeau» de 600 $).

Un groupe humanitaire britannique appelé MERLIN (Medical Relief International) avait besoin d'un moyen de transport pour ses docteurs et des tonnes de médicaments. J'acceptai de faire des vols pour eux le plus souvent possible, mais je réservais un vol vers Bunia et Dungu une fois par semaine.

Goma possède une piste pour les avions de ligne et est située près du volcan Nyiragongo. Mes envolées pour le groupe MERLIN se faisaient en direction ouest, au-dessus des montagnes, à 3 350 m d'altitude, vers Lulinga, Katshundu, Kalima et Kindu et duraient de 1 h 15 min à 2 h 30 min. D'habitude, un ou deux passagers embarquaient des instruments et des médicaments vers la jungle mais le retour se faisait avec des malades.

Le pilotage de montagne est différent de celui qui se fait dans la jungle, en matière de météo. Dans la jungle, je peux voler sous les nuages et contourner les orages et je n'ai pas à prendre trop d'altitude: le Cessna 206 d'ASF possède un moteur continental à aspiration normale: avec lui, je pilote normalement à 2 438 m d'altitude. La pression atmosphérique est normalement de 29,95 po de pression au niveau de la mer. À 3 048 m, la pression est de 18,00 po. Mes poumons et le moteur reçoivent moins d'oxygène, donc moins de puissance. Pour les montagnes, un avion turbo compressant la pression atmosphérique à 36 po (le Caravan 208 avec turbine PT-6) est idéal.

Dans les régions montagneuses, à 8 h le soleil brille. Je pouvais voir les cimes des montagnes, je montais à l'altitude nécessaire. La plupart du temps, les vallées de la jungle sont recouvertes à 100 % de nuages jusqu'au sol. Alors, je ne pouvais quitter Goma, avant que la radio de la piste de brousse ne m'avise de la visibilité (6 sur 8 de nuages). C'était frustrant pour les passagers de rester au soleil à Goma mais je ne pouvais atterrir dans la jungle.

La plupart du temps, je ne pouvais décoller avant 11 h pour atterrir en sécurité. Au retour, vers 15 h, les montagnes étaient couvertes de cumulo-nimbus avec de la pluie et par vol aux instruments il était facile de traverser les montagnes en 15 minutes puis de retrouver le beau soleil de Goma.

Un certain dimanche après-midi me donna des frissons dans le cou et la colonne vertébrale... À 10 h ce matin-là, je quittai Goma pour Kalima avec un médecin anglais et des médicaments. Il avait organisé une réunion du personnel de la santé à l'aéroport pour sauver du temps. Pendant ce temps, je sirotai mon eau glacée et mangeai quelques bananes.

Je décollai vers 14 h 30 par un temps splendide. Soudain, je remarquai que mon gyroscope directionnel était stable mais que l'horizon artificiel se situait dans le bas de l'instrument. Je regardai l'instrument de succion: zéro de pression. La pompe *vacuum* était donc inopérante. P'tit père au Congo avait déjà rencontré d'autres problèmes plus graves et se disait: «Je n'ai pas vraiment besoin de ces instruments puisque je peux voler à vue dans de bonnes conditions météo. Si je rencontre des nuages, j'ai encore l'indicateur de virage et d'inclinaison latérale pour garder l'avion au niveau et le variomètre puisqu'il fonctionne sur la pile de 12 volts.»

Les choses merveilleuses n'arrivent qu'à des gens merveilleux...

La région des montagnes me sembla plus noire qu'à l'accoutumée. Je continuai tout en planifiant une solution de secours vers la piste de Katshungu. Je décidai de monter à 4 267 m pour atteindre le sommet des cumulus, mais comme j'approchais de la zone nuageuse, j'entrai dans les nuages. Ce fut calme pendant 10 minutes, j'avais la boussole et le variomètre... Soudain, je fus happé par une poussée d'air ascendante: l'altimètre indiqua 4 572 m, puis, avec violence, je sentis mon corps retenu par les deux ceintures, celle des cuisses et celle des épaules, ma tête à sept ou huit centimètres du toit de l'avion. Puis je redescendis avec une poussée d'air descendante. Les secondes furent longues. Le temps n'existait plus. La pluie fouettait fortement le pare-brise. Je mis mes deux mains sur les manettes et les tirai vers l'arrière. Je descendais à 762 m/min.

Enfin, à ma gauche, j'aperçus une vallée où perçaient les rayons du soleil et je plongeai pour l'atteindre. Respirant profondément, je repris ma vitesse de croisière en suivant la vallée, qui me conduisit jusqu'au lac Kivu. Je jetai un œil sur le médecin britannique assis à ma droite et vers la malade et son enfant, assis en arrière.

— Excusez-moi pour ce voyage en montagnes russes, dis-je humblement. Nous allons atterrir dans quelques minutes.

Le Cessna 206 resta cloué au sol jusqu'à l'installation de la nouvelle pompe *vacuum* que je commandai à Nairobi.

Lorsque vous secouez un pommier, vous recueillez des fruits. La Providence m'a secoué violemment ce dimanche-là, souhaitant que quelques fruits d'expérience puissent être partagés.

Épilogue

La plupart de ces pages furent écrites dans un cahier d'écolier à l'atelier du hangar d'Avions Sans Frontières à Dungu (Zaïre), en 1996.

L'atelier était l'endroit idéal pour ce faire: le bureau du mécanicien, l'étagère avec ses livres d'aviation, l'établi avec ses outils, les pièces de rechange, un moteur Continental usagé, une nouvelle hélice, l'odeur d'essence et d'huile et mon inséparable chat gris, Rosenkroff. Cet environnement était idéal pour que je me remémore ces souvenirs. Rosenkroff était une protection contre les serpents venimeux. Il dormait avec moi sur mon lit.

Par la fenêtre de l'atelier, j'avais une vue sur le Cessna 206 9Q-CPQ, peint aux couleurs d'ASF: blanc et bleu pour m'inspirer.

Souvent, Ndombe, le directeur des opérations depuis neuf ans, se joignait à moi pour souper, surtout lorsque le cuisinier Christophe préparait le fabuleux poisson-capitaine, pesant jusqu'à 20 kg, capturé dans la rivière Uélé. Imaginez les filets! La Providence était bonne pour moi... C'est Ndombe qui me poussa le plus à écrire sur mes expériences en aviation humanitaire.

— Guy, tu devrais écrire un livre, me dit-il. Les paroles s'envolent, mais les écrits demeurent. Je suis sûr que les jeunes comme les vieux seront intéressés. Au moins, écris pour ta famille: cela aura une grande valeur à leurs yeux.

— Ah, Ndombe! tu veux juste me flatter! Qui va s'intéresser à la vie de l'humble Guy, homme de la jungle? lui répondis-je.

Mais j'acceptai d'y réfléchir et finalement je décidai d'essayer... Tous les soirs, durant un mois, j'écrivis le récit de ma vie. Le lendemain, je présentai mon cahier à Ndombe.

— Continue, Guy, ne lâche pas! me dit mon ami.

Je le fis lire à Masta, à Kolo et au professeur Réginald. Il devint le journal du hangar. On veut savoir le dénouement du livre: «Seras-tu joyeux ou fâché?... vivant ou mort?...» Bien drôle!

Durant mon séjour au Rwanda et au Burundi, j'en fis la traduction en anglais et en envoyai une copie à Bill Edwards. Six mois plus tard, j'appris qu'il l'avait perdue. Ça commençait bien! Après quelque temps de procrastination, je trouvai qu'écrire ma vie et mes expériences était aussi excitant et émotionnellement chargé que de voler au-dessus de la jungle.

Je remontai le cours de ma vie. J'avais vécu heureux, j'avais été chanceux et j'avais connu la liberté plus que je ne le croyais! Écrire me donnait une satisfaction comparable à celle des explorateurs qui trouvèrent la source des fleuves Nil et Zaïre, celle du Saint-Laurent et du Mississippi, celle de l'Amazone dans les Andes du Pérou...

Quelle chance et quel honneur d'avoir participé aux expéditions du commandant Jacques-Yves Cousteau! Étant plus instruit et renseigné, je valorisais davantage les beautés de la nature: eau, forêt, faune, et j'ai ouvert mes frontières sur les humains.

Un soir, chez moi, près de la table de la cuisine couverte de cahiers et de documents, ma fille Claudia, 18 ans, arriva et me prit les épaules.

— Sur quel projet travailles-tu, papa, si tard le soir? me demanda-t-elle. Tu as travaillé au bureau d'ASF toute la journée et tu reviens à la maison avec des travaux? Pourquoi ne te reposes-tu pas un peu, *papoush*, en lisant un livre ou en regardant la télé?

— Merci pour ton attention, ma Claudia, lui répondis-je. Tu vois tous ces papiers? Eh bien! je termine le dernier chapitre d'un livre sur ma vie et sur mes expériences de missionnaire et de pilote de brousse. En juillet, je vais à Saint Louis rencontrer mes amis de Wings of Hope avec un texte de 80 pages. Peut-être qu'un livre sera un jour imprimé et même en fera-t-on une série télévisée. Il y aurait de beaux paysages et des gens spéciaux à filmer. Quand tu seras diplômée, peut-être pourras-tu m'aider d'une façon ou d'une autre?

Dans la famille, les nouvelles voyagent très vite. Après la révélation de mon secret à Claudia, soudainement, du sous-sol où ils regardaient un film avec Harrison Ford, Ruth, Paul (22 ans) et Gabriel (20 ans) arrivèrent presque en courant...

— Tu t'en vas chez Wings of Hope Saint Louis, *papoush*? me demanda Paul. Tu es chanceux de toujours voyager. De toute façon, je suis fier de toi.

— Durant ta vie, Paul, répondis-je en souriant, tu vas probablement voyager beaucoup plus que moi, avec tes connaissances en sciences politiques et économiques et ton don pour les langues. Tu sais, ton grand-père Paul Gervais n'a jamais couché ailleurs que dans sa maison de toute sa vie... et toi Gabriel, avec tes études en génie mécanique, je prévois que tu seras aussi brillant dans ce domaine que tu l'es au soccer, quoique je ne serais pas surpris de te voir aux Olympiques de l'an 2000. Tu sais, une victoire vient d'un rêve...

— Alors tu écris un livre, Guy? me lança Ruth avec sa fierté coutumière. S'il te plaît, n'oublie pas que le Pérou fait partie de l'héritage des enfants aussi. Je souhaite que ton livre soit traduit en espagnol...

— Bien sûr, Ruth! Nos enfants sont canadiens et péruviens: de vrais Américains du Nord et du Sud parlant plusieurs langues et partageant de belles coutumes. Nos enfants sont nos clones... Vive l'immortalité! lui répondis-je en riant. Nous sommes une famille heureuse, un peu originale sur les bords, mais vivant sous un même soleil. Que l'Être suprême partage sa sagesse avec nos enfants et tous ceux de leur génération et leur donne le courage de travailler, 16 h par jour si nécessaire, pour qu'ils s'envolent de leur nid vers leur idéal et libèrent leur personnalité.

Ce soir-là, avant de m'endormir, je me rappelai un vol de Nairobi à Heathrow (Londres) avec British Airways en tant que passager d'un 747. Après que j'ai montré mon passeport et mes licences de pilote et de mécanicien FAA, on me donna la permission de m'asseoir pour une partie de l'envolée dans la cabine de pilotage.

Après le décollage, je choisis un moment tranquille pour m'adresser aux pilotes:

— Je vous admire, commandant, pour votre habileté à faire voler ce gros Boeing récemment sorti de manufacture. Ce doit être toute une sensation!

— C'est toute une fierté aussi, me répondit-il. Cet avion est un chef-d'œuvre d'ingénierie avec son électronique, ses systèmes hydrauliques et ses circuits automatiques. J'en apprends à chaque vol. Sur quel type d'avion volez-vous et pour quelle compagnie?

— Je pilote des petits Cessna 185 et 206 pour des projets humanitaires avec Avions Sans Frontières, dis-je sur un ton de fierté. En 38 ans, j'ai survolé et atterri dans presque toutes les jungles du globe et, par la grâce de Dieu et de ces superbes machines volantes, je suis encore vivant!

— Ce doit être fascinant de pouvoir atterrir dans ces lieux et de visiter ces gens isolés. Je suis sûr que chaque piste et chaque village sont différents. C'est intéressant et instructif. Avec mon avion à réaction, je ne fais que survoler les jungles et les gens sans jamais les voir. C'est dommage! Je crois que vous connaissez les joies du vrai pilotage.

— Vous avez raison, commandant, répondis-je. J'aime vraiment le pilotage de brousse. Chaque vol amène une sensation spéciale et une aventure différente, et j'en contrôle chaque étape. Je mets l'avgaz moi-même, je charge l'avion et j'en vérifie le poids et le genre de fret. Puis, je salue les passagers par leur nom, je les aide à prendre place et j'installe leur ceinture de sécurité. Souvent, je les emmène pour une visite à l'hôpital (deux heures de vol remplaçant parfois des jours de bateau ou de camionnette). Ainsi, nous sauvons des vies.

En vol, les passagers me voient souriant et chantant lorsque le soleil brille, mais devenant sérieux lorsque les nuages et la pluie rendent le pare-brise blanc et que la turbulence secoue notre oiseau.

Quand nous atterrissons sur des petites pistes d'herbe, de gravier, ou que les flotteurs touchent la rivière, les passagers

applaudissent et souvent m'avertissent qu'ils ont vu leurs
huttes, leurs maisons du haut des airs. Ils en parleront longtemps le soir autour d'un feu... Normalement, des centaines
de gens accourent à la piste pour voir l'avion et l'étrange
homme volant. Même le professeur le plus intéressant ne
peut tenir ses élèves dans l'école lorsqu'ils entendent le bruit
de l'avion. Le pilote est un homme très important pour les
gens isolés de la jungle. La satisfaction du travail accompli est
très grande.

— Où faites-vous l'entretien des avions dans ces endroits
où n'existent que la végétation, le soleil et la pluie?

—Je le fais moi-même. En plus de mes licences de
pilote, je détiens celle de mécanicien, de sorte que je procède
aux réparations et aux inspections des Cessna comme le
recommande la compagnie. J'ai une réserve de pièces de
rechange. Je suis très méticuleux: comme je n'ai qu'un
moteur, c'est important qu'il ronronne toujours.

Mes remarques soulevèrent une sérieuse question:

— Selon moi, un monomoteur est sécuritaire et certainement sujet à moins de problèmes qu'un quadrimoteur. Il
n'y a qu'une procédure à suivre si l'unique moteur manque
mais, avec quatre, j'ai beaucoup de choses à considérer pour
sauver l'appareil et mille précautions à prendre pour sauver
les passagers. Mon pire ennemi serait une bombe ou le feu.
Dans votre cas, vous vous sentez en confiance avec votre
entretien et sur vos propres décisions. Vous pouvez annuler
un vol si tout n'est pas sécuritaire. Il m'a fait plaisir de vous
rencontrer, Guy, et de savoir que le pilotage de brousse existe
encore plus que je ne le croyais. L'hôtesse a un siège pour
vous en première classe. Détendez-vous, jouissez d'un bon
verre de champagne et d'un bon souper britannique. Je suis

certain que ce traitement sera supérieur à votre bouteille d'eau chaude et aux bananes qui constituent votre ordinaire dans votre Cessna.

Quelques jours plus tard, je m'envolai vers Saint Louis par United Airlines. J'y ai apprécié la chaude hospitalité de David Flavan de *Noah's Ark* (Arche de Noé). Ruth Benedict, 76 ans, écrivaine pour des magazines d'aviation, passa le «fer à repasser» sur mon premier texte pour en enlever toutes les rides: une semaine de travail intensif, à raison de 10 h par jour. Elle réorganisa tous les chapitres. Quel génie que cette bonne dame! Merci!

Le 29 juillet 1996 restera une grande date pour les membres de Wings of Hope. Un nouvel avion était envoyé au Belize et au Guatemala. Quel dynamisme et quelle solidarité!

C'est avec émotion que je revis le hangar de Wings of Hope à l'aéroport Spirit of St. Louis. Érigé grâce à des dons privés en 1988, il est toujours très propre et rempli de techniciens bénévoles et d'avions en réparation. La plupart des employés sont des retraités de la Société d'aviation McDonnell Douglas. J'y retrouvai Eddy Schertz, un excellent ami et ancien pilote de brousse; c'est lui qui me remplaça à Iquitos sur l'Amazonie en 1972. Il est devenu le directeur du hangar. Toujours efficace et enthousiaste, il admirait l'habileté des bénévoles qui remettent les petits avions à neuf.

— Personne ne pourrait payer pour ce talent-là. Ces gens travaillent pour nous gratuitement, me confia-t-il.

Eddy me montra le nouveau Cessna 206, qui arborait une peinture toute fraîche, un moteur et une hélice neufs. Toute l'électronique de l'appareil avait aussi été remise à neuf. Cet appareil devait être le héros d'une cérémonie de présentation vers 13 h. Eddy me présenta le pilote, Heston Wagner, qui assurerait le service humanitaire au cours des six mois suivants.

Heston me raconta qu'en 1981, alors qu'il n'avait que 12 ans, dans la brousse de Belize, il tomba d'un cocotier, se blessa gravement et se retrouva paralysé des deux jambes. Heureusement, un avion de Wings of Hope le transporta à l'hôpital de Merida (Mexico) gratuitement. Six mois plus tard, il avait récupéré et put poursuivre son rêve de devenir pilote commercial.

Plus de 100 personnes assistèrent à la cérémonie de départ du Cessna 206 au hangar de Wings of Hope. MM. Fabick et Edwards tracèrent un historique de l'organisme et remercièrent les bénévoles de leurs efforts qui rendaient possible la continuité de l'œuvre humanitaire. Nous souhaitâmes bonne envolée à notre ami Heston Wagner!

Les journalistes de la télévision étaient présents. William Edwards eut la bonne idée de remettre mon manuscrit en anglais à Ina Rae, éditorialiste au *Dallas Morning News*. La Providence fit le reste...

Cinq jours plus tard, Ina Rae appela Bill Edwards pour lui dire qu'elle trouvait le manuscrit très intéressant et se chargerait d'en faire un livre. Elle rencontra Mme Jill Bertolet, présidente de Legacy Books (Summit Publishing Group), Arlington, Texas. Après bien des corrections et avoir torturé ma mémoire et mes méninges, la version anglaise de mon livre sortira à Dallas en avril 2000.

En décembre 1998, le frère Robert Gonneville organisa une réunion avec les dirigeants des Éditions LOGIQUES (Quebecor) à Montréal. Je remis un exemplaire en anglais de mon ouvrage à Gilles Fortier (directeur de collection) ainsi

qu'à Louis-Philippe Hébert, président. En avril 1999, la décision fut prise de publier mon livre en mai 2000. De la version anglaise, je fis une traduction en français, y ajoutant de nouvelles aventures qui me revenaient en mémoire.

Le frère Laurier Labonté, 81 ans, ancien professeur et provincial des frères de l'Instruction chrétienne, et Claire Arazi, employée à TSF ayant travaillé 10 ans à l'ambassade du Canada au Zaïre, acceptèrent de corriger le texte et de préparer le manuscrit pour le remettre à mon éditrice, Karole Lauzier. Je les en remercie beaucoup.

Mettre par écrit ce que j'ai vécu fut relativement facile, mais de longs mois d'attente furent nécessaires avant que mes parrains Robert Gonneville et Bill Edwards me donnent les bons contacts. Heureusement, l'amitié des bénévoles de Terre Sans Frontières m'encouragea et me soutint.

Ma famille fut également un précieux soutien. Les trois enfants réussissent: Paul effectue un stage à Shangai (Chine), Gabriel étudie à l'Université de Syracuse et Claudia s'est inscrite à l'Université McGill. Ruth, elle, veut toujours que mon livre soit publié en espagnol.

On ne me permit plus de voler au Zaïre: on voulait s'assurer que je sois toujours vivant le jour du lancement de mon livre. Mais je me sentirai toujours plus heureux actif et pilotant au-dessus de la jungle pour rendre service aux gens moins favorisés...

Réflexion

par Ed Mack Miller (1978)

En février 1978, avec un autre pilote, j'ai convoyé un Cessna 185 de Dallas au Guatemala pour Wings of Hope. À cette occasion, j'ai passé plusieurs jours avec leur pilote Guy Gervais, qui assurait alors le service aérien régulier de la piste de Santa Cruz del Quiche vers la jungle de Ixcan.

Guy est grand et bel homme, avec l'air rude du joueur de hockey qu'il était dans sa jeunesse. Il est aussi un des pilotes

À Santa Cruz del Quiche (Guatemala), Claudia, Ruth, Paul, Gabriel et moi.

de brousse les plus expérimentés au monde, avec ses 16 000 h au-dessus des jungles de Papouasie–Nouvelle-Guinée, du Pérou, du Brésil, du Surinam et du Guatemala.

Guy est un Canadien polyglotte: il parle français, anglais, espagnol, portugais et plusieurs dialectes de Nouvelle-Guinée. Il est aussi un des meilleurs pilotes avec qui j'ai volé. Après plus de 30 ans comme instructeur dans les forces aériennes et les lignes civiles, je calcule avoir entraîné plus de 5 000 pilotes d'aviation. Guy se classe dans les 10 premiers. Il pilote son Cessna comme si l'appareil était le prolongement de sa personne. Il est aussi diplômé pour veiller à l'entretien des avions.

À Quiche, j'ai demeuré chez lui et j'ai pu y rencontrer sa très jolie femme Ruth et deux de ses enfants, Paul et Gabriel.

Depuis trois ans, deux pilotes assurant le même service que lui se sont tués. C'est dire que le fait que Guy Gervais ait survécu, après 16 000 h (jusqu'en 1978), tient du miracle. Et il est impossible de mesurer le bien qu'il a fait et fait encore chaque jour.

La situation du Guatemala est un exemple. Là-bas, comme partout en Amérique du Sud et centrale, un petit pourcentage de la population possède la terre. Dans un effort pour trouver un lopin de terre pour chaque famille, les missionnaires Maryknoll persuadèrent le gouvernement de laisser quelques hectares de jungle aux paysans pour y cultiver maïs, fèves, chili, riz, café et fruits, pour s'y installer un foyer. Le problème le plus récurrent demeurait le transport terrestre.

Depuis 1966, le service aérien humanitaire de Wings of Hope transporte des centaines de familles dans la jungle d'Ixcan. De concert avec les coopératives agricoles, Wings of

Hope transporte des gens, des provisions, du fret, des médecins, des infirmières et des missionnaires vers les 14 pistes de brousse dans la difficile jungle au nord de Quiche. Guy a lui-même choisi l'emplacement de plusieurs de ces pistes, en a dirigé la construction et y a exécuté le premier atterrissage.

Plus de 80 000 personnes ont pu ainsi bénéficier d'une nouvelle vie dans leur nouvelle propriété dans la jungle au pied de montagnes hautes de 3 352 m. C'est vraiment bouleversant de réaliser qu'un seul homme, Guy Gervais, soutient ce vaste territoire sur ses ailes. Quel apostolat! Parce que, et c'est incontestable, s'il fallait qu'il s'en aille sans personne pour le remplacer, ces gens devraient retourner en ville, s'y trouver sans travail et mendier.

Pendant presque 40 ans, j'ai été pilote et je n'ai jamais rencontré de type de pilotage aussi dangereux. Vraiment, *el espiritu santo mantiene la helice rotando* (le Saint-Esprit fait tourner l'hélice). Guy Gervais fait face à un danger semblable à celui que rencontre un pilote de chasse chaque jour de sa vie, et il vole six jours par semaine et une demi-journée le dimanche.

Durant les 10 jours passés avec Guy, nous avons fait 20 envolées vers Ixcan. J'étais assis sur des sacs de sucre, de farine ou de maïs au retour, car le siège du copilote est toujours enlevé pour faire de la place. Qu'en pense la FAA?... Je n'en croyais pas mes yeux en constatant ces difficiles missions et en comprenant les multiples dangers auxquels il faisait face en décollant toujours au maximum de la capacité permise sur des pistes de boue, courtes et cahoteuses entourées d'arbres géants et d'une jungle si dense. Le soir, l'avion était couvert de boue rouge...

Un après-midi, nous avons embarqué une jeune femme souffrant d'épilepsie et deux hommes qui la tenaient. Pour ce même voyage, nous transportions aussi une urgence médicale: une femme souffrant d'hémorragie. Comme nous étions en vol près des montagnes, Guy me fit remarquer des draps blancs sur une piste.

— Ils ont une urgence, me dit Guy. Comme leur radio ne fonctionne pas, les gens ont étendu des draps.

Nous avons atterri à Quiche pour débarquer les deux patients, puis nous sommes repartis pour l'autre urgence, atterrissant face à un soleil aveuglant sur une piste de la vallée enclavée entre les montagnes. On redécolla avec un patient souffrant d'une hépatite aiguë.

Il n'y avait que notre Cessna 185 pour emmener ces gens vers l'hôpital. Les emmener en civière à pied aurait pris des semaines. En bateau? Les rivières tournent en rond et ne vont nulle part, m'a-t-on dit.

Oui, au Guatemala, plus de 80 000 personnes sont soutenues par les larges épaules de Guy Gervais. Il est simplement mon héros. J'ai connu pourtant beaucoup de pilotes héroïques.

M. Ed Mack Miller fut pilote de ligne pour United Airlines, spécialiste d'entraînement des forces aériennes américaines et pilote durant la Deuxième Guerre mondiale. Il a publié plusieurs livres et des articles sur l'aviation et des sujets religieux. Il est décédé subitement en 1978, à l'âge de 56 ans.

À propos de l'auteur

Guy Gervais, pilote bénévole de Wings of Hope et chef pilote de Terre Sans Frontières, est le modèle typique de l'aviateur de brousse dévoué, allant partout, dans toutes les régions isolées du monde pour sauver des vies, transporter les biens de première nécessité, procurant une assistance médicale moderne aux malades et aux blessés. Ces pilotes coopèrent au bien-être et au développement des populations isolées.

À bord de leurs petits avions et des hélicoptères civils, aucun endroit n'est inaccessible à ces femmes et ces hommes du ciel: jungles, déserts, montagnes élevées ou la toundra gelée. Ils établissent des systèmes de communication permanents par radio, tracent des voies dans les forêts impénétrables, assèchent des marais et taillent des pistes d'atterrissage de leurs mains.

Ce sont des saints modernes ouvrant des portes jusqu'à ce jour closes, repoussant les frontières comme jamais dans l'histoire de l'humanité, dans le noble but de soulager la misère humaine tout en améliorant les conditions de vie des populations en utilisant la technologie moderne, la science, la sagesse et l'éducation. Puisse leur tribu augmenter!

George E. Haddaway
Cofondateur de Wings of Hope
Historien en aviation